Charles Pépin

KLEINE PHILOSOPHIE DER BEGEGNUNG

Aus dem Französischen
von Caroline Gutberlet

Hanser

Titel der Originalausgabe: *La Rencontre. Une philosophie.*
Paris, Allary Éditions 2021

3. Auflage 2024

ISBN 978-3-446-27280-4

Umschlag: Anzinger und Rasp, München
Motiv: © zubada / Getty Images
Satz: Greiner & Reichel, Köln
Druck und Bindung: Friedrich Pustet, Regensburg
Printed in Germany

FSC
www.fsc.org
MIX
Papier | Fördert
gute Waldnutzung
FSC® C014889

INHALT

TEIL 2

DIE BEDINGUNGEN VON BEGEGNUNG

TEIL 3

DAS WIRKLICHE LEBEN IST BEGEGNUNG

Für Émilie

EINLEITUNG

Verliebte, die ihr Glück kaum fassen können, lassen manchmal den Film ihrer Begegnung Revue passieren – voller Rührung und zugleich mit einem Schauder. Eine Nichtigkeit hätte gereicht, eine andere Zugverbindung oder ein anderer Sitzplatz im Abteil, und ihre Wege hätten sich wohl niemals gekreuzt.

Bei genauerer Betrachtung wird allerdings bald deutlich, dass ihre Begegnung sich nicht nur einem glücklichen Zufall verdankt. Diese beiden Sitzplätze nebeneinander haben ihnen lediglich eine Gelegenheit geboten; sie hat es gewagt, ein Gespräch anzufangen, und er hat sich auf das Unvorhergesehene eingelassen, eine Frau, die auf den ersten Blick gar nicht sein Typ ist. Zwei Fremde haben einen Austausch zugelassen und die Begegnung hat stattgefunden.

Dieser Mann und diese Frau an Bord eines mit dreihundert Stundenkilometern dahinrasenden TGV hätten genauso gut einander niemals finden können. Zwei Menschen in rasender Fahrt auf parallelen Umlaufbahnen: sie eine Führungskraft mit geradlinigem Werdegang, er ein Osteopath mit ansehnlicher Kundschaft. Es hatten nur einige wenige auslösende Momente zusammenkommen müssen, um sie von ihrem Weg abkommen zu lassen und den Zauber in Gang zu setzen. Vielleicht hat sie seine Nervosität bemerkt? Bevor er in den Zug stieg, hatte er einen Anruf vom Psychiater seines Sohnes erhalten, und als ihn seine Sitznachbarin darauf ansprach, hat er seine Sorge nicht vor ihr zu verbergen versucht. Er hat die Maske fallen lassen. Im Gegenzug hat sie diesem Unbekannten gegenüber mehr von sich preisgegeben, als sie es für möglich gehalten hätte. Sie haben miteinander gesprochen, ohne sich zu verstellen, ohne ihre Rolle zu spielen.

Diese Begegnung, die das Werk des Zufalls zu sein scheint, wurde somit durch die Haltung dieser beiden Menschen ermöglicht. Das Gleiche gilt für Begegnungen auf der Freundschaftsebene oder im Arbeitsumfeld: Der Zufall ist lediglich der Ausgangspunkt und entscheidet nicht über unser Schicksal, sondern wir führen ihn vielmehr herbei. Ich habe dieses Buch geschrieben, um zu zeigen, dass wir den Zufall zu unserem Verbündeten machen und uns darauf vorbereiten können, uns auf das Unvorhergesehene einzulassen. Ob in einem Zug oder in einem Supermarkt, auf einer Abendveranstaltung oder im Büro, auf einer Dating-Plattform oder in einem öffentlichen Park.

Das setzt allerdings voraus, dass wir uns über den Mechanismus und die Kraft von Begegnung im Klaren sein müssen und die Bedeutung des Handelns, der Bereitschaft und der Verletzlichkeit verstehen.

Dazu werden wir die großen Denker des 20. Jahrhunderts befragen, die in der Nachfolge Hegels die Beziehung zum Anderen und die fundamentalen Bindungen, die sich zwischen zwei Wesen knüpfen können, untersucht haben. Sigmund Freud, Martin Buber, Emmanuel Lévinas, Jean-Paul Sartre, Simone Weil und Alain Badiou werden bei der Skizzierung einer Philosophie der Begegnung Pate stehen. Und Romanschriftsteller, Dramatiker, Maler, Filmregisseure, die schöne Begegnungen in Szene gesetzt haben – Marivaux in seinem Stück *Das Spiel von Liebe und Zufall*, Louis Aragon in seinem Roman *Aurélien* oder Albert Cohen in *Die Schöne des Herrn*, Clint Eastwood in *Die Brücken am Fluß* oder Abdellatif Kechiche in seinem Film *Blau ist eine warme Farbe* –, werden diesem Denken Gestalt verleihen.

Für eine zusätzliche Erhellung werden wir auch solche Werke hinzuziehen, die selbst die Frucht einer entscheidenden Begegnung gewesen sind und uns daran erinnern, dass sogar die größten Genies auf andere Menschen angewiesen sind. Wer weiß schon, dass Pablo Picasso sein Bild *Guernica* nicht gemalt hätte, wenn sich seine Wege mit denen des Lyrikers Paul Éluard nicht gekreuzt hätten und er nicht in Freundschaft zu ihm entbrannt wäre? Oder wie viel Albert Camus' *Mensch in der*

Revolte der Leidenschaft des Schriftstellers für die Schauspielerin Maria Casarès verdankt? Oder wie sehr Voltaire und Émilie du Châtelet sich gegenseitig inspiriert haben, als sie *Candide oder der Optimismus* und die *Rede vom Glück* verfassten? Und dass der Song *Perfect Day* von Lou Reed ohne ein Abendessen mit David Bowie in New York nicht entstanden wäre?

Wenn wir die Bedeutung von Begegnung ermessen, richten wir einen anderen Blick auf die Werke, die uns Nahrung geben, ja einen anderen Blick auf unser Leben. Wir sind abhängig von anderen Menschen. Begegnungen sind keine schmückende Beigabe, keine zusätzliche Alternative, sondern sie sind wesentlich und modellieren unsere Persönlichkeit. Begegnungen stehen im Mittelpunkt des Abenteuers unseres Daseins. Wie wir sehen werden, wohnt der Begegnung die Kraft inne, uns Liebe und Freundschaft entdecken zu lassen, uns zum Erfolg zu führen, ja mehr noch, uns selbst zu offenbaren und uns der Welt zu öffnen. Darin besteht ihre Kraft und ihr Mysterium: Ich brauche den Anderen, ich muss dem Anderen begegnen, um mir selbst zu begegnen. Ich muss anderen begegnen, um ich selbst zu werden.

TEIL 1

DIE ZEICHEN DER BEGEGNUNG

ICH BIN VERWIRRT

WENN MEIN PANZER RISSE BEKOMMT

Jemandem zu begegnen, bedeutet, überrumpelt und aus der Fassung gebracht zu werden. Es geht etwas vor sich, das wir uns nicht ausgesucht haben, das uns unerwartet trifft: Es ist der Schock der Begegnung. Im Wort »Begegnung« steckt das Wörtchen »gegen« und bringt zum Ausdruck, dass wir auf unserem Weg auf jemanden stoßen. Somit verweist es auf eine Kollision mit der Andersheit: Zwei Wesen kommen in Kontakt, stoßen aufeinander und sehen ihre Bahnen einen anderen Lauf nehmen. Ein singuläres Wesen kann aber auch sehr wohl einem anderen über den Weg laufen, ohne in Verwirrung zu geraten, was beweist, dass es nicht zu einer Begegnung gekommen ist, sondern dass sie sich lediglich gekreuzt haben. Nichts ist erstaunlicher, zuweilen unangenehmer, schwieriger zu fassen als die Differenz des Anderen. Wie könnte ich durch die Begegnung mit dir nicht erschüttert sein, wo du dich mir doch gerade deswegen entziehst, weil du anders bist, weil du eine andere Geschichte hast, weil du die Dinge anders siehst und anders empfindest? Wenn ich ungerührt bleibe, lässt das nur den Rückschluss zu, dass ich dich kaum wahrgenommen habe oder dass du lediglich eine Projektionsfläche für mich gewesen bist, in der ich mich gespiegelt habe.

Auslöser der Verwirrung ist häufig ein visueller Schock. Als Anna Karenina den Grafen Alexej Wronskij in einem Bahnhof erblickt, weiß sie noch nichts über ihn, doch jäh überkommt sie Verwirrung und schon sticht er aus der Menge heraus. Was ist es, das sie derart berührt? Die Erscheinung des Anderen, dessen Stärke und Einzigartigkeit sie erahnt? Jene Regung, jene Anwandlung, die sie in sich verspürt und auf die nichts und niemand sie vorbereitet hat? Diese Verwirrung ruft zuweilen mehrere Sinne auf den Plan, etwa wenn wir einen Menschen nicht zu kennen meinen, bis wir verwundert die unbeschreibliche Sanftheit seiner Haut entdecken und spüren, wie er auf unsere Zärtlichkeiten, Küsse, Worte reagiert. In der Liebesverwirrung gibt es gewisse untrügliche Anzeichen, die darauf hindeuten, wie unvorbereitet uns diese Regung trifft: Beschleunigung des Herzschlags, stockende Stimme, trockener Mund, Schweiß, Verstummen … Angesichts dieser Beschleunigungskraft des Lebens reagiert unser Körper so, als bräuchte er – unfähig, sich auf den neuen Rhythmus einzustellen – eine Eingewöhnungszeit. Manchmal ist es zuerst die Klangfarbe einer Stimme, die uns berührt, unsere Neugier weckt, tief vergrabene Erinnerungen in uns wachruft, wie eine Stimme aus der

Vergangenheit, aus der Kindheit, die uns *ruft*. Als Christian Bobin zum ersten Mal die Stimme von Pierre Soulages am Telefon hörte, wusste er, noch bevor er ihn leibhaftig gesehen hatte, mit absoluter Gewissheit, dass er ihm begegnet war. Er schildert diesen Moment in dem Buch *Pierre*, das er ihrer Freundschaft gewidmet hat: »in Soulages' Stimme schwang eine Vergnügtheit, ein Staunen über dich und über sich«. Manchmal findet diese Erschütterung auf einer intellektuelleren Ebene statt. Pablo Picasso war völlig gleichgültig gegenüber Politik und seine Wege kreuzten sich seit Jahren mit denen von Paul Éluard, ohne dass etwas geschah, bis dieser ihm eines Tages im Jahr 1934 von seinem pazifistischen Engagement erzählte. Da öffnete er sich für eine politische Sicht auf die Welt. Genau in diesem Moment begegnete er dem Dichter. Manchmal trifft der andere uns mitten ins Herz, etwa wie bei einem der legendärsten Tandems des Indie-Rock der zweiten Hälfte der 1970er-Jahre: Die Begegnung zwischen David Bowie und Iggy Pop fand nicht vor dem Hintergrund ihrer musikalischen Verbundenheit statt, sondern es waren vor allem die Notlage des Junkies und die Einsamkeit des »Iguana«, für die Bowie sensibel war.

Egal, welche Form die Verwirrung annimmt, die von einem leisen Empfinden bis zum Schwindelgefühl reicht, sie ist Ausdruck dafür, wie sehr das Leben uns überraschen kann: Spätestens jetzt müssen wir erkennen, dass wir nicht alles im Griff haben. Zwei singuläre Wesen haben sich, jenseits zweier Welten, gerade aneinander gerieben. Wir wissen noch nicht, was daraus wird (die Begegnung mit Éluard wird Picassos Schaffenskraft neu anfachen, Anna Karenina wird schließlich daran zugrunde gehen), Tatsache aber ist: Es hat stattgefunden. Sollten wir die Illusion hegen, selbstgenügsame, autonome Monaden zu sein, die sich in ihrer Identität und in ihren Gewohnheiten gemütlich eingerichtet haben, dann ist es mit der Ruhe plötzlich vorbei. Die Komfortzone ist gestört. Wir spüren Sehnsucht nach etwas anderem, was berückend und beängstigend zugleich ist. Unsere Verwirrung führt uns gleichzeitig zum Anderen, der uns in Staunen versetzt, und zu jenem Teil unserer selbst, der sich uns entzieht. Als Picasso Éluard begegnete, war er von dem Idealismus des Dichters genauso überrascht wie von der Resonanz, die er bei ihm fand. Im Zustand der Sinnesverwirrung, ausgestreckt in den durchwühlten Laken, sind wir vom Anderen, seiner Schönheit, seiner Lust ebenso überrascht wie von dem, was wir in uns hochsteigen fühlen (und das manchmal wirklich erstaunlich ist). Genau genommen verhält es sich so, als fänden zwei Begegnungen gleichzeitig statt: die mit der Andersheit des Anderen und die mit der Andersheit in uns. »Ich ist ein anderer«, schrieb Rimbaud in einem Brief an Paul Demeny vom 15. Mai 1871. Wir müssen mitunter dem Anderen begegnen, um dieses Ich zu verstehen und endlich zu fühlen. Dem Anderen im Anderen begegnen, um zu entdecken, dass es einen Anderen in unserem Selbst gibt, und gewahr werden, dass dieser Andere in unserem

Selbst vielleicht mehr er selbst ist, als wir geglaubt haben. Hier sind wir meilenweit vom heuchlerischen Satz »es war mir eine Freude, Sie kennenzulernen« entfernt, den wir manchmal von uns geben, um eine Verabredung zu verkürzen, die umso langweiliger war, als sie nicht die geringste Verwirrung in uns ausgelöst hat.

Clint Eastwood hat die Entstehung und die Kraft dieser Verwirrung in seiner filmischen Adaption des Romans *Die Brücken am Fluß* von Robert James Waller in Szene gesetzt. Meryl Streep spielt eine ursprünglich aus Süditalien stammende Hausfrau, die seit Jahrzehnten mit ihrem Mann und den beiden nunmehr halbwüchsigen Kindern auf einer Farm in Iowa lebt. Als ihr Mann mit den Kindern für vier Tage zu einer Rinderschau fährt und sie allein auf der Farm zurückbleibt, lernt sie Robert kennen, der als Fotograf des *National Geographic* für eine Reportage über die »überdachten« Brücken von Iowa unterwegs ist, jene bemalten Holzkonstruktionen, die für diese Gegend so typisch sind. Gemeinsam durchleben sie eine Leidenschaft, die ihr Leben verändern wird. Nach diesen vier Tagen – ein verrücktes Intermezzo, in dem sich ein ganzes Leben zu verdichten scheint – und einem herzzerreißenden Moment des Zögerns fasst Francesca den Entschluss, ihren Mann nicht zu verlassen, und lässt Robert allein weiterfahren. Doch was sie miteinander geteilt haben, wird sie für immer begleiten, ihrem Farmleben aus einer »Summe von Kleinigkeiten« Tag für Tag Nahrung geben, dem Alltag als Hausfrau, die ihrem Mann Zuwendung und Achtung entgegenbringt, weit von der intensiven Liebe für Robert entfernt, den sie wie einen Schatz hütet – ein Abenteuer auf Augenhöhe mit den Jugendträumen, die sie begrub, als sie sich in Iowa niederließ. In ihrem Testament wird sie verfügen, dass ihre Asche an derselben Stelle gestreut werden soll wie die von Robert, von der Brücke, die die Ursache ihrer Begegnung war.

Mitten in diesen vier Tagen, die sie mit Reden und Lachen, Spazieren und Biertrinken, Baden und Lieben verbringen, offenbart sich die Essenz von Begegnung in einer Bemerkung Francescas, die den Zustand der Verwirrung, in dem sie sich befindet, zum Ausdruck bringt: »Ich erkenne mich selbst nicht wieder, ich bin nicht mehr ich selbst … und gleichzeitig war ich noch nie so sehr ich selbst wie jetzt.« Hier ist die Verwirrung reines Schwindelgefühl. Was sie tut, sieht ihr – auf den ersten Blick – nicht ähnlich. Sie möchte nicht im Entferntesten den Ehemann hintergehen, dem sie nichts vorzuwerfen hat, doch an dessen Seite sie eingeht, sie immer weniger gegenwärtig für sich selbst ist, sie in der endlosen Wiederholung der alltäglichen Verrichtungen immer mehr verkümmert. Die Begegnung mit Robert ist viel intensiver; sie vermag sich gegen die Woge, die sie plötzlich erfasst, nicht zu wehren: ihre italienische Jugend, ihr Humor, ihre Weiblichkeit, die Lebenskraft an sich in ihr. Alles, was sie von sich selbst vergessen hatte, was durch die Schwere der Tage und dieses »Lebens voller Kleinigkeiten« überdeckt wurde, ist plötzlich wieder da, stärker denn je, weil sie *jemandem begegnet ist*, weil die Augen dieses Mannes auf ihr ruhen und alles in ihr entfachen. Dieser Fotograf, der sich verfahren hatte, hat sie nach dem Weg gefragt, und nun findet sie ihren eigenen Weg wieder. Gewiss, sie wird darauf verzichten, alles für ihn aufzugeben, ihre Kinder zurückzulassen, ihrem Mann eine Demütigung zuzufügen, von der er sich nicht erholen würde. Sie leben auf einer Farm, die seit über hundert Jahren im Besitz der Familie ihres Mannes ist, mitten auf dem Land, wo niemandem etwas verborgen bleibt, in einem puritanischen Landstrich, wo der geringste Ehebruch jahrzehntelanges Gerede und Gebrandmarktsein nach sich zieht. Wir dürfen sie also nicht dafür verurteilen, dass sie einer Liebe den Rücken zukehrt, von der Robert sagt: »Glaubst du, dass das vielen Leuten passiert, was mit uns passiert?« Wie der Film uns zu verstehen geben möchte, bleibt sie Robert letztlich treu und währt die Begegnung durch ihre andauernde Liebe, durch diese neue Dimension ihrer selbst, die sie entdeckt hat, fort. Eine solche Liebe schien ihr unmöglich, aber paradoxerweise hat gerade diese Liebe – und damit einhergehend ihr neues Innenleben, von dem sie zehrt – es ihr erlaubt, die Ehefrau eines aufrichtigen Mannes zu bleiben, dem allerdings das Wesentliche fehlt. Dank der Begegnung mit Robert, mitten in der Verwirrung dieser Begegnung, hat sie sich als eine andere entdeckt, und genau diese andere, die wirklich sie selbst wurde, wird sie bis an ihr Lebensende begleiten. Sie hat dieses zeitlose Intermezzo riskiert, diese vier ewigen Tage, und fand zu der italienischen Liebenden in ihrem Innersten zurück. Jetzt weiß sie, dass Träume Gestalt annehmen können, dass es tiefe Freude und höhere Gemeinschaft auf dieser Erde gibt, eine erhabene Hegemonie des Herzens – und nicht nur die Dinge, die getan werden müssen.

In seinem Gedichtband *La Parole en archipel* schreibt René Char: »Wir müssen uns außerhalb unserer selbst einrichten, am Rand der Tränen und im Orbit des Hungers, wenn wir wollen, dass etwas Außergewöhnliches geschehe, das nur für uns bestimmt war.« Das ist eine schöne Definition der Verwirrung durch Begegnung. Auch wenn sie für Robert nicht alles hat stehen und liegen lassen, so hat Francesca doch etwas getan: Sie hat sich in den vier Tagen »außerhalb ihrer selbst« eingerichtet, außerhalb ihrer im Leben als Hausfrau erstarrten Identität. Sie hat Tränen in Kauf genommen und es ist tatsächlich »etwas Außergewöhnliches« geschehen, das nur für ihn und für sie bestimmt war, eine Kollision, deren Wellen sich bis zu ihrer beider Tod ausbreiten werden und die eine große Ähnlichkeit mit dem plötzlichen Anbruch des wirklichen Lebens hat.

Der Panzer, der in der Verwirrung der Begegnung Risse bekommt, ist meist unser sozialer Panzer. Das tiefere Ich ist vielschichtig, wandelbar und zu großen Teilen rätselhaft, dagegen ist das soziale Ich einfacher gestrickt und starrer. Es ist notwendig, aber simplifizierend. Dieses Ich taucht auf unserem Personalausweis auf oder wenn wir uns mit unserem Beruf vorstellen und ein Gespräch mit den Worten beginnen: »Und was machst du im Leben?« Das ist kein guter Einstieg, denn er birgt die Gefahr, dass wir den anderen auf seinen Beruf und den damit verbundenen Status reduzieren. Wir wollen dies den *Stempel des Sozialen* nennen: Er sitzt uns auf der Pelle, beschneidet unsere Freiheit und schmälert unsere Fähigkeit zur Offenheit für andere und manchmal für uns selbst. Dieser Stempel des Sozialen beeinträchtigt unsere Bewegungsfreiheit, trübt unser Urteilsvermögen und kappt unsere Neugier. Wie viele Frauen und Männer verdammen sich zur Einsamkeit, weil sie es nicht vermocht haben, diesen Stempel des Sozialen abzuschütteln? Der Andere hat sich vor ihnen präsentiert, vielleicht mit der Möglichkeit einer Beziehung, aber sie haben ihn nicht gesehen, noch nicht einmal »ins Auge gefasst«: Sie haben es sich nicht gestattet, ihn zu bemerken, haben die Tür für die Möglichkeit der Verwirrung verschlossen gehalten, weil dieser Andere ihren sozialen Kriterien nicht entsprach, nicht in die richtige Schublade passte. Glücklicherweise gibt es Begegnungen, die uns dem Stempel des Sozialen entreißen und eine Kollision herbeiführen, die Risse in unseren Panzer treibt. Begegnung hat dann die Kraft, einen Spielraum im sozialen »Ich« zu schaffen: Sie lässt einen Hauch von Freiheit über einer erstarrten Identität wehen.

Dieser Hauch von Freiheit weht auch in der Komödie *Das Spiel von Liebe und Zufall* von Marivaux, der die Begegnung von Silvia und Dorante in Szene setzt, deren Heirat die Familien arrangiert haben. Silvia, die Dorante versprochen worden ist, erhält von ihrem Vater die Erlaubnis, ihren Zukünftigen ein erstes Mal zu treffen, wobei sie sich als ihre eigene Dienerin verkleidet, um ihn in aller Ruhe unerkannt beobachten zu können. Dorante wiederum hat genau denselben Einfall: Er schlüpft in die Kleider seines Dieners, um sich vor Silvia zu präsentieren. Doch der Zauber wirkt trotz der Verkleidung: Sie verlieben sich ineinander. Die Verwirrung stellt sich unversehens ein, allem Schein zum Trotz. Das ist die Kraft von Begegnung: Sie vermag Erwartungen zu vereiteln, Prognosen zu durchkreuzen, die Karten neu zu mischen. Silvia erwartet, den Auserwählten besser kennenzulernen, doch nun weckt ein anderer ihre Neugier, den sie für dessen Diener hält. Dorante geht es genauso, er horcht die Dienerin über ihre Herrin aus, aber er muss sich der Tatsache stellen, dass es die Dienerin ist, die ihm gefällt. Während Dorante mit ihr spricht, wird Silvia ihrer Verwirrung gewahr und spricht zu sich selbst: »Fast glaube ich, er amüsiert mich …«. Und als er zugibt: »ich wollte selbst über etwas anderes mit dir reden, aber ich weiß nicht mehr, worüber«, gesteht auch sie ein: »Ich hatte dir auch etwas zu sagen; aber du hast mir ebenfalls meine

Gedanken verscheucht.« Sie kündigt mehrmals an, dass sie gehen wird, kann sich aber nicht losreißen. Dieser ständig aufgeschobene, überaus theatralische Aufbruch macht ihre Verwirrung nur allzu deutlich, die peinlich und amüsant zugleich ist.

Als sie ihre Gefühle für den Mann entdeckt, den sie für Dorantes Diener hält, wundert sie sich darüber, wie entzückt sie ist: »Welch ein Mensch, dieser Diener!« Sie versucht sich wieder zur Räson zu bringen – »mir ist vorausgesagt worden, daß ich nur einen Mann von Stand heiraten werde« –, aber alle Mühe ist vergebens, die Argumente der Vernunft verlieren an Gewicht, wenn das Herz spricht. Die soziale Konditionierung ist kein Schicksal – daran erinnern uns bestimmte Begegnungen. Wobei sie meist nicht reibungslos verlaufen, denn die Befreiung vom Stempel des Sozialen kann ziemlich unangenehm sein. Silvia jedoch freut sich zu sehen, dass Dorante sich auf der Höhe zeigt. Als sie als Erste begreift, dass sie beide denselben Einfall hatten, und seine wahre Identität entdeckt, jubelt sie, ihn von der Frau verführt zu sehen, die er für eine Dienerin hält: »Daß es ihn so viel kostet, sich zu entscheiden, macht ihn mir noch schätzenswerter: er glaubt, seinen Vater zu enttäuschen und seine Geburt zu verleugnen. Das sind wichtige Überlegungen: ich bin glücklich, wenn ich sie besiege! Doch muß ich mir diesen Sieg erringen, er darf ihn mir nicht schenken«. Auch wenn sie derselben sozialen Schicht angehören und den Wünschen ihrer Familien gemäß heiraten werden, hat die

Verwirrung, die sie in diesem Moment fühlen, ihrer sozialen Identität einen Riss zugefügt: Sie lassen eine Anwandlung des Herzens zu, die »gesellschaftlich unschicklich« ist, aber umso reizvoller und aufregender, als sie eine Übertretung darstellt.

Indem Begegnung das soziale Ich verschiebt, seine Eindeutigkeit stört und seine Konturen verschwimmen lässt, manchmal sogar seine List und Täuschung entlarvt, gibt sie dem inneren Ich sein volles Daseinsrecht zurück. Daher dieses starke Gefühl mitten in der Verwirrung, die sie auslöst, mit allen Fasern zu leben, endlich zu leben. Das innere Ich lässt sich vom sozialen Ich nicht mehr verdecken: Es schwappt jäh darüber hinweg. Die Verwirrung verweist auf den Weg, der zurückgelegt wurde, manchmal in rasend schnellem Tempo. Alles hatte mit dem Satz begonnen: »Und du, was machst du so?« Worauf wir jetzt die Stimme von France Gall und ihren verwirrenden Vorschlag vernehmen: *Viens, je t'emmène* – Komm, ich nehme dich mit.

ICH ERKENNE DICH WIEDER

WENN DER ZUFALL NACH SCHICKSAL AUSSIEHT

Manchmal verstärkt ein seltsames Gefühl von Evidenz noch die Verwirrung. Ich kenne diese Person nicht, ich habe sie gerade kennengelernt, und doch bin ich mir sicher: Sie ist es. Dieses Gefühl gibt uns Vertrauen angesichts des Unbekannten, das es schon nicht mehr wirklich ist. Wir laufen jemandem zufällig über den Weg, doch es kommt uns vor, als hätten wir dieser Person begegnen *müssen*, als wären wir mit ihr verabredet.

Dieser Eindruck der Vertrautheit, den wir beim ersten Mal im Beisein eines Menschen haben, der uns lieb und teuer geworden ist, beruht auf Gegenseitigkeit. Wir fühlen uns sofort wohl mit ihm, das Verständnis ist beiderseitig. Das ist mehr als irritierend: Wie kann es sein, dass wir uns mit einem Unbekannten wohler fühlen als mit Leuten, mit denen wir schon seit ewigen Zeiten verkehren? Es ist, als knüpfte ich, durch diese Begegnung, an Bekanntes an; als würde ich, statt dich kennenzulernen, dich *wiedererkennen*. Wir können uns des

Eindrucks nicht erwehren – schon bei den ersten Gesprächen –, eine verwandte Seele gefunden zu haben: Dieselben Songs rühren uns, dieselben Skurrilitäten amüsieren uns, dieselben Verhaltensweisen nerven uns. Wir brauchen uns nicht anzustrengen; alles läuft wie von selbst und fühlt sich leicht an. Kaum dass wir einander begegnet sind, fühlen wir eine ähnlich starke Bindung wie zu einem Familienmitglied, eine verwirrende Nähe.

Wie kommt es, dass das Neue, das Unbekannte uns so vertraut vorkommen? Dieses Rätsel bildet den Kern dieses Buches. Aber auch des Chansons *Les Mots bleus* von Christophe, das Alain Bashung gecovert hat:

> Ich werde ihr die blauen Worte sagen
> Solche, die Menschen glücklich machen
> Eine Liebesgeschichte ohne Worte
> Braucht keine Formalitäten mehr
> Und alle belanglosen langen Reden
> Würden ihn verderben, den Stil
> Unseres Wiedersehens

Dieser Liedtext aus der Feder von Jean-Michel Jarre erzählt die Geschichte eines Mannes, der sich nicht traut, eine Frau anzusprechen, und sich ihre Begegnung ausmalt. Er beobachtet sie, zögert. Kehrt immer an denselben Ort zurück, um auf sie zu warten. Er hat noch nicht gewagt, sie anzusprechen, wägt aber schon die Worte ab, die er ihr sagen könnte, oder was er verschweigen sollte.

Warum also von »Wiedersehen« sprechen? Einem Wiedersehen, das auf Französisch ein »Wiederfinden« ist: *retrouvailles*. Was genau findet er wieder? Vielleicht haben sich ihre Blicke gekreuzt, vielleicht meint er sie zu kennen, nachdem er sie schon so lange beobachtet. Dann findet er sie tatsächlich wieder. Vielleicht findet er aber auch zu einem Teil seiner selbst zurück, zu seiner Kindheit, zu seiner Geschichte, zu einer Welt, die einmal die seine gewesen ist, zu den Männern und Frauen, die ihn geprägt haben. Manche Begegnung ist ein derartiger Schock, dass es ihm vielleicht vorkommt, als ob er den Sinn seines Lebens entdecken würde, von dem er sich entfernt hatte: seine wahre Bestimmung. Er hat den Klang ihrer Stimme immer noch nicht gehört, aber er glaubt an das, was er fühlt; er vertraut sich selbst.

»Es gibt keinen Zufall, es gibt nur Verabredungen«, soll Paul Éluard gesagt haben. Eine Verabredung können wir mit einem anderen Menschen, mit uns selbst oder mit unserem Schicksal haben, so der Dichter des Surrealismus, für den Letzteres ein wichtiges Thema war. In allen Fällen ist dieses Gefühl von Evidenz – oder besser gesagt: des Wiedererkennens (*reconnaissance*) – das untrügliche Zeichen der Begegnung, die gerade stattfindet. Ich erkenne dich wieder, denn du bist mir tatsächlich nicht unbekannt. Ich erkenne mich wieder in dem Sinne, dass ich mich wiederfinde, mich oder etwas, das ich liebe, eine entfernte Erinnerung, einen mir bereits bekannten Zustand. Oder aber ich erkenne meine Bestimmung wieder in dem Sinne, dass ich ihre Tarnung als Zufall aufdecke. Das Zeichen der Begegnung ist hier, mitten im Zufall, der Eindruck einer Verabredung mit dem nicht Zufälligen: Das Gefühl von Evidenz ist so stark, dass das Akzidentelle plötzlich als Schicksal in Erscheinung tritt. Es kann sogar sein, dass wir so etwas wie Dankbarkeit (*reconnaissance*) empfinden für das, was uns das Leben zu bieten hat. Ich weiß nicht, ob ich dir begegne oder mir oder meiner Bestimmung – oder allen dreien auf einmal. Aber die Evidenz ist gegeben: Es gibt Begegnung, Wiedererkennen und Dankbarkeit in einem.

ICH HABE SIE IRGENDWO SCHON MAL GESEHEN

»Ich glaube, ich habe Sie irgendwo schon mal gesehen«, lautet eine ziemlich phantasielose Anmache, die manchmal zu hören ist. Und dennoch bringt der banale und zugegebenermaßen plumpe Ausspruch etwas davon zum Ausdruck, was jede Begegnung ausmacht: der Eindruck, den Anderen wiederzuerkennen.

Man könnte sogar sagen, dass der Anmacher unwissentlich eine der Thesen zur Sprache bringt, die Platon im *Menon* vertritt. In diesem Dialog zwischen Menon und Sokrates untersucht der Philosoph das Rätsel des (Wieder-)Erkennens anhand der Begegnung mit einer Idee. Woher kommt, genau in dem Moment, in dem wir zum ersten Mal etwas begreifen, in dem wir eine Idee klar formulieren, der Eindruck, dass sie evident sei, dass wir es schon immer wussten? Warum löst das Formulieren einer Idee das Gefühl von Wiederentdecken aus? Erkenntnis, so Platon, ist eigentlich ein Wiedererkennen oder, um es mit seinen Worten zu sagen, eine »Reminiszenz« oder Rückerinnerung. Bevor wir geboren wurden und für die begrenzte Dauer unseres irdischen Lebens in unseren Körper »fielen«, gehörten wir der Welt der ewigen Ideen an, und diese Welt werden wir im Augenblick unseres Todes, befreit von den Grenzen unseres Körpers, wiederfinden. Demnach ist das Verständnis einer Idee eigentlich ein Wiedererkennen dieser Idee, die wir in ihrer intelligiblen und ewigen Form gekannt haben, bevor wir in unsere Körperhülle gefallen sind. Einer Idee zu begegnen, bedeutet, sie wiederzufinden.

Auch die Liebe auf den ersten Blick, die Solal im Roman *Die Schöne des Herrn* von Albert Cohen für Ariane empfindet, mutet wie ein Wiedersehen oder Wiederfinden an. Cohens barocker Stil bringt auf wunderbare Weise die Kraft dieser Evidenz zum Ausdruck und was sie an Verwirrung für uns als vermeintlich vernünftige und rationale Wesen bereithält: »›Auf dem brasilianischen Empfang‹, flüsterte er, ›zum ersten Mal gesehen und sofort geliebt, distinguiert unter den Nichtswürdigen erschienen, du und ich und kein anderer in der Menge der Erfolgsmenschen und Machthungrigen […]. […] du warst es, die Erwartete, sofort auserwählt an jenem Schicksalsabend, auserwählt beim ersten Schlag der langgeschwungenen Wimpern […]. Den anderen gelingt es erst nach Wochen zu lieben, und sie lieben wenig, und sie brauchen dazu Gespräche und gemeinsame Neigungen und Kristallisationen. Ich brauche nur die Dauer eines Lidschlags.‹«

Ariane ist für Solal eine gänzlich Unbekannte, doch er zweifelt nicht einen Augenblick daran, der Frau seines Lebens begegnet zu sein. Es dauert keinen Bruchteil einer Sekunde – »nur die Dauer eines Lidschlags« –, um es zu wissen. Er braucht keine Argumente, keine Überlegungen, noch nicht einmal ein einziges Wort. Solal erkennt in Ariane die Frau, die alle anderen in den Schatten stellen wird: »die Unerwartete und die Erwartete«. Unerwartet, weil sie überraschend auftaucht, erwartet, weil er diejenige (wieder)erkennt, die er ersehnt hat, zu der ihn sein ganzes bisheriges Leben geführt hat, mit der er folglich »verabredet« war. Er erkennt außerdem den »Schicksalsabend«, obwohl er sich nur zufällig im Ritz befindet.

Und Solal fährt fort: »›Nenn mich verrückt, aber glaub mir. Ein Schlag deiner Lider, und du blicktest mich an, ohne mich zu sehen, und es war die Herrlichkeit und der Frühling und die Sonne und das warme Meer und meine wiedergekehrte Jugend, und die Welt war geboren, und ich wusste, dass niemand vor dir, weder Adrienne noch Aude, noch Isolde, noch all die anderen meines Glanzes und meiner Jugend mehr waren als deine Vorboten und Dienerinnen. Ja, niemand vor dir, niemand nach dir.‹«

In der Kraft dieser Evidenz liegt tatsächlich etwas »Verrücktes«. Unser Leben lang zweifeln wir, doch bestimmte Begegnungen haben das Vermögen, uns zu erlösen, manchmal reicht eine einzige Geste, »die Dauer eines Lidschlags«. Was rufen diese Begegnungen in uns wach, das für Ungewissheit keinen Platz mehr lässt? Wem oder was begegnen wir da? Wahrscheinlich dem »wirklichen Leben«, aber davon wird noch später die Rede sein. Wir lassen uns hinreißen, trotz der Gefahr. Mitten in diesem eingegangenen Risiko gibt uns ein Gefühl von Vertrautheit Sicherheit; wir haben Vertrauen. Wir fühlen uns zu Hause im Unbekannten: das Zeichen dafür, dass wir jemandem begegnen.

In seinem Film *Blau ist eine warme Farbe,* der 2013 bei den Internationalen Filmfestspielen von Cannes die Goldene Palme gewann, hält Abdellatif Kechiche genau diesen Moment der Offenbarung fest. Adèle ist in einer Straße unterwegs, als sie Emma erblickt. Auf dem Bürgersteig spielt ein Musiker auf seinen Congas. Emma hat blau gefärbte, kurze Haare und ihr Arm liegt um die Schultern einer Frau, deren Haar ebenfalls kurz ist. Als Adèle an dem Paar vorbeigeht, dreht sich Emma nach ihr um und Adèle auch nach ihr – ihre Blicke kreuzen sich. Emma läuft mit ihrer Freundin weiter. Adèle aber ist mitten auf der Straße stehen geblieben, von einem plötzlichen

Schwindel gepackt. Fast wird sie von einem Motorroller überfahren, ein Autofahrer hupt. Adèle dachte, sie sei Hetero, und hat im Übrigen kurz vorher mit einem Jungen aus ihrer Klasse geschlafen. Doch was sie jetzt erfasst, überrascht, überwältigt, ist eine Evidenz: Dieses Mädchen gefällt ihr. Und ein Begehren, das ihr nicht bewusst war, über das sie bis zu dieser Begegnung hinweggesehen hat, bricht sich Bahn. Sie muss akzeptieren, was sie wusste, ohne dessen gewahr zu sein – sie muss es einsehen: Sie liebt Frauen. Außerdem ist sie soeben Emma begegnet. Sie ist also doppelt verwirrt. Das stellt ihr Leben auf den Kopf. Einige Tage später küsst Adèle eine Klassenkameradin und trifft Emma zufällig in einer Schwulen- und Lesbenbar wieder, wohin sie einen ihrer Freunde begleitet hat. »Was machst du hier?«, fragt Emma, als sie sie allein an der Bar sitzen sieht. »Keine Ahnung, bin nur mit einem Bekannten mitgegangen, ich bin zufällig hier«, antwortet Adèle. Emma lächelt sie an und wirft ein, dass eine solche Location wohl kaum nach ihrem Geschmack sein dürfte. Emma ist hier zu Hause, um sie herum sind ihre Freunde, hier hat sie ihre Gewohnheiten. Sie ist einige Jahre älter, selbstbewusst und stolz. Aber nicht nur. Sie lächelt Adèle immer noch an und fügt hinzu: »Es gibt keinen Zufall.«

ICH BIN NEUGIERIG AUF DICH

WENN ICH LUST VERSPÜRE, DEINE WELT KENNENZULERNEN

In Emmas Lächeln, in ihrem Blick, den sie auf Adèle ruhen lässt, liegt Neugier. Adèle ist jünger; sie kennt den Verhaltenskodex dieses queeren Nachtclubs nicht. Sie kommt aus einer anderen Welt. Ihre Anwesenheit in diesem Club, ihre offenkundige Andersheit wecken Emmas Neugier: Sie möchte sie näher kennenlernen, fühlt sich angezogen vom Unbekannten. Diese Neugier auf den Anderen, für die Welt des Anderen, deren Umrisse sich abzuzeichnen beginnen, ist ebenfalls ein Zeichen der Begegnung, aber ein anderes als das eben beschriebene. Hier geht es nicht mehr darum, dass wir uns einem anderen, der kurz zuvor ein völlig Unbekannter war, seltsam nah fühlen, sondern darum, dass wir Lust verspüren, auf seine Andersheit zuzugehen, selbst wenn sie uns nicht vertraut ist: Wir fühlen uns angezogen von dem, was uns fremd ist.

Jemandem zu begegnen, bedeutet, an die Schwelle einer neuen Welt katapultiert zu werden und eine unbändige Lust zu verspüren, sie zu erkunden; es ist eine Einladung zur Reise. Das kann eine Länder- oder Kulturreise sein, wenn der Andere aus einem anderen Land oder einem anderen sozialen Milieu kommt – kurzum eine, die »Exotisches« verspricht. Sie kann aber auch innerhalb ein und desselben soziokulturellen Milieus stattfinden. Egal, ob die Reise uns über Landesgrenzen oder auf die andere Straßenseite führt, zu einem weit entfernten Menschen oder zu einem ganz nahen Menschen: Seine Welt wird so oder so immer anders sein, aus dem einfachen Grund, dass er unseren Blick »dezentriert« und eine andere Sichtweise anzubieten hat.

Jenseits von Afrika, der mit sieben Oscars preisgekrönte Film von Sydney Pollack, handelt von der leidenschaftlichen Liebesgeschichte zwischen der Schriftstellerin Karen Blixen, die von Meryl Streep gespielt wird, und dem Abenteurer Denys Finch Hatton, der von Robert Redford verkörpert wird. Die Begegnung zwischen der dänischen Aristokratin und dem englischen Jäger gleicht einem Kulturschock zwischen zwei Welten, die aufeinanderprallen. Sie ist eine vermögende Plantagenbesitzerin, er ein freiheitsliebender Pilot. Auf ihrer Kaffeeplantage leitet sie Dutzende von Angestellten, er führt ein Leben als Einzelgänger. Sie ist eine Geschichtenerzählerin, die ebenso gerne redet, wie sie schreibt, er ein wortkarger Mensch. In den Blicken, die Meryl Streep und Robert Redford miteinander wechseln, ist von Anfang an der Reiz der Neugier zu spüren. Es ist keine Liebe auf den ersten Blick, wohl aber der drängende Wunsch beiderseits, den anderen kennenzulernen. Ihre erste Begegnung findet mitten in der Savanne statt. Der Zug, in dem Karen sitzt, hat einen kurzen Stopp eingelegt, um von Denys eine Ladung Elfenbein entgegenzunehmen. Die Baronin steigt nicht aus, der Jäger steigt nicht ein. Sie haben gerade so viel Zeit, um ein paar Worte zu wechseln, dann fährt der Zug wieder ab. So viel Zeit jedenfalls, um den Wunsch zu wecken, mehr wissen zu wollen. Im Verlauf ihrer Liebesgeschichte steigert sich diese Neugier immer weiter, je schwieriger es sich erweist, das Geheimnis des Anderen zu lüften: Je mehr sie sich darum bemühen, desto undurchdringlicher wird es. Das ist im Übrigen das eigentliche Thema des Films, der so inszeniert ist, dass wir das Geheimnis des Anderen in seiner Tiefe spüren. So sehen wir drei Mal eine Szene, in der Karen und Denys bei Kerzenschein zu Abend essen. Diese Wiederholung ist riskant, da sich beim Zuschauer ein Gefühl der Langeweile einstellen könnte. Dem ist aber nicht so, denn Pollack macht hier die Verästelungen der Neugier für die Welt des Anderen sichtbar. Er zeigt, wie sie sich aus Informationsschnipseln, Schweigen und Unausgesprochenem speist, wie sie ein sinnliches Verlangen weckt, das anfänglich nicht da war. In einer anderen Szene erzählt Karen nach dem Essen eine Geschichte und Denys schaut sie schweigend an: Sie spricht nicht direkt über sich selbst, aber durch die Art und Weise, wie sie erzählt, gelangt er ganz langsam in ihre Welt. In einer späteren Szene, die Kultstatus erlangt hat, wäscht Denys Karen die Haare mit Wasser aus einem Bach. Als sie danach zu Denys aufschaut, ist sie plötzlich ganz weit weg. Sydney Pollack hat eine Vorliebe für diese Neugier auf ein Anderswo, das uns ins zitternde Herz der Begegnung ruft. »Komm, ich nehme dich mit« auf eine Reise in meine Welt.

»Ihr begehrt niemals jemanden oder etwas«, erklärt Gilles Deleuze in seinem Filmgespräch *Abécédaire* beim Buchstaben »D« für Désir/Wunsch. Wir wünschen »ein Ensemble«. Oder genauer: Wir wünschen »in einem Ensemble«. Wir wünschen eine ganze Welt, diejenige, die mit dem Menschen verbunden ist, den wir kennengelernt haben, und von der wir anfangs nur die Konturen erahnen, eine Welt aus Gewohnheiten, Gebärden, Freunden und Feinden, aus Gefühlen, Wahrnehmungen und Erinnerungen. Deleuze verdichtet eine Metapher, die Marcel Proust in seinem Romanwerk *Im Schatten junger Mädchenblüte* ausgeführt hat: »Ich begehre nicht eine Frau, ich begehre auch eine Landschaft, die in diese Frau eingehüllt ist.« Ihr zu begegnen, bedeutet, Lust zu haben, diese eingehüllte Landschaft zu enthüllen, um darin spazieren zu gehen; die Vorstellung zu lieben, dass es Zeit brauchen wird und nicht klar ist, was einen dort erwartet. »Wünschen bedeutet«, so Deleuze, um das Objekt des Begehrens herum »ein Gefüge zu konstruieren, ein Ensemble zu konstruieren«. Die Neugier und das Begehren richten sich auf den Anderen also nicht nur als Objekt, sondern beziehen dieses Gefüge, dieses um ihn herum konstruierte Ensemble mit ein. Ich bin neugierig auf deine ganze Welt, auf alles, was mit dir verbunden ist, auf das Gefüge um dich herum.

Diese Neugier auf den Anderen hat eines für sich: Sie ist von Dauer. Als permanent Eingeloggte, allseits Beanspruchte, pausenlos durch Nachrichten auf unserem Smartphone Abgelenkte laufen wir Gefahr, den Sinn für Dauer zu verlieren, dafür, dass Dinge und Beziehungen aufgebaut und vertieft werden müssen. So neugierig wir auf alles sind, sind wir auf nichts mehr neugierig; echte Neugier braucht Zeit. Jemandem zu begegnen, bedeutet, eine so weite Welt zu entdecken, dass wir wohl nie alles zu Gesicht bekommen werden; in sich selbst eine Neugier zu fühlen, die nicht so schnell versiegen wird; zu begreifen, dass das Geheimnis eines Menschen sich nicht in wenigen Tagen lüften lässt. Das ist eine Art und Weise, der Unruhe unserer Epoche zu entkommen, und ein schönes Versprechen von Begegnung. Was für eine Freude, was für eine Überraschung, durch die Kraft einer wachgehaltenen, beharrlichen Neugier endlich der Verstreuung und Verzettelung entronnen zu sein.

Bevor die Idee für seinen Film *Jenseits von Afrika* heranreifte, hatte Sydney Pollack einiges von Karen Blixen gelesen, natürlich ihren gleichnamigen großen autobiografischen Roman, aber auch eine Novellensammlung mit dem Titel *Schicksalsanekdoten*. Er verspürte den Wunsch, ihre Welt weiter zu erkunden, diese Begegnung zu vertiefen, die Frau besser kennenzulernen, deren Bücher er so mochte. So beschloss er, ihre Memoiren für das Kino zu adaptieren. *Jenseits von Afrika* ist aus dieser Neugier für die Welt des Anderen entstanden. Kein Wunder, dass er sie so wunderbar schildert.

Ich selbst habe eine Begegnung dieser Art im letzten Schuljahr mit meinem Philosophielehrer erlebt, der letztendlich einer meiner engsten Freunde wurde; ich durfte übrigens fünfundzwanzig Jahre später als freier, nichtkirchlicher Leiter seiner Beerdigung fungieren. Die Begegnung mit Bernard Clerté bedeutete vor allem, eine ganze Welt zu entdecken, in der natürlich Platon und Hegel verkehrten, aber auch, wie ich erst später begreifen sollte, Winzer aus Puligny-Montrachet und Savigny-lès-Beaune, Tennisspieler und bretonische Seeleute – eine Welt, in der man mit einem alten roten Golf herumfuhr und die *Phänomenologie des Geistes* ebenso aufmerksam las wie die Sportzeitung *L'Équipe*. Wir sind viele, die diesem Lehrer verdanken, den Drang hin zu unbekannten Gefilden verspürt zu haben, also schlicht und ergreifend die Neugier entdeckt zu haben. Die Begegnung mit einem neuen Stoff oder Wissensgebiet geht oft mit der Begegnung mit einem Menschen einher, und die Neugier, die dieser Mensch für seinen Stoff zu wecken vermag, ist dann untrennbar mit der Neugier verbunden, die wir für ihn haben. Ob ich ohne meine Neugier für die Person Bernard Clerté so neugierig auf das Denken Hegels und Spinozas gewesen wäre? Rückblickend kann ich das Interesse für die Philosophie, das er in mir geweckt hat, nicht von meiner Begegnung mit ihm trennen, seinem Faubourg-Witz (in seiner Jugend war er Lagerist in den Pariser Hallen gewesen), seinen Möchtegern-Gainsbourg-Allüren, seinen fast schon lächerlichen Wutausbrüchen und seinen Gauloises, die er im Klassenzimmer rauchte. Die Welt von Spinoza und die Welt von Bernard Clerté waren eins; plötzlich fand ich tausend Gründe, um mich ein bisschen weniger für mich selbst zu interessieren. Ich wusste damals noch nicht, dass diese Neugier mit jedem Jahr unserer Freundschaft größer werden würde. Ironie der Geschichte, am Tag seiner Beerdigung wurde sie von einer neuen Facette weiter entfacht, die weite Teile seiner persönlichen Geschichte in ein neues Licht stellte. Im Zuge der Reden seiner Brüder erfuhr ich ein biografisches Detail, das er mir nie anvertraut hatte und das in krassem Widerspruch zur Geschichte stand, die er mir immer erzählt hatte. Bernard Clerté machte mich auch noch nach seinem Tod neugierig und warf Rätsel auf … Die Neugier für die Welt des Anderen kann sogar über dessen Tod hinaus fortdauern.

Wenn ich mir unsere erste Begegnung heute vor Augen führe, die noch vor dem Abiturjahr auf dem Schulhof stattfand, verstehe ich besser, was sich in diesem Moment angebahnt hat. Er diskutierte mit einigen seiner Schüler, die ebenfalls Raucher waren. Ich stand zufällig daneben und klinkte mich in ihre Diskussion ein. Bevor er wieder ins Klassenzimmer zurückkehrte, fragte er mich, in welchem Jahrgang ich sei, und wir haben kurz geredet. Ich war im vorletzten Schuljahr im naturwissenschaftlichen Zweig, was bedeutete, dass ich ihn im nächsten Jahr nicht als Philosophielehrer haben würde, da er nur im literarischen Zweig unterrichtete. Ich weiß noch, wie er mich beobachtete, während er an seiner Zigarette zog und wir über Camus' *Der Fremde* diskutierten. Ich stand noch unter dem Schock des Romans, er hingegen war nuancierter. Sein Blick, der mir später vertrauter werden sollte, in dem sich Lächeln und Müdigkeit, aber auch Sanftmut mischten, gab einem das Gefühl, wie ein offenes Buch zu sein, das er bis zum letzten Buchstaben entzifferte. Als er sich anschickte, den Schulhof zu verlassen und die Treppe hochzugehen, die zu den Klassenzimmern führte, schlug er lachend vor, ich solle doch den Zweig wechseln und zu ihm in den Unterricht kommen. Dann machte er noch einen Witz über den Philosophielehrer, den ich haben würde, wenn ich im naturwissenschaftlichen Zweig bliebe – »der ist eine echte Katastrophe, hätte sich als Gentil Organisateur im Club Med besser gemacht« –, und trat seine Kippe auf einer der ersten Stufen der großen Holztreppe aus.

Wenige Monate später folgte ich seinem Rat und wechselte den Zweig. Ich war so neugierig auf die Welt von Bernard Clerté geworden, dass ich beschloss, das Wagnis einzugehen.

ICH MÖCHTE ES WAGEN

WENN DER ANDERE MIR FLÜGEL VERLEIHT

Eine Begegnung kann auch der Ausgangspunkt für ein Projekt sein. Nicht so sehr die Welt des Anderen interessiert uns, dafür aber all das umso mehr, was wir gemeinsam werden aufbauen können. Das Zeichen der Begegnung ist hier die Erregung, die dieses Projekt in uns hervorruft: die Lust loszulegen, sich augenblicklich einzubringen, die Gewissheit, dass wir ein gutes Team bilden und gemeinsam Großes zustande bringen werden. Die Begegnung mit dem Anderen verleiht uns Flügel: Wir werden unsere Talente vereinen, um ein Zusammensein zu schaffen, das mehr ist als die Summe der Teile; wir werden beweisen, dass 1 + 1 = 3 ist.

Das lässt sich nicht erklären, sondern wir erleben es, nehmen es wahr, fühlen es: Die Begegnung weckt einen Wunsch, eröffnet ein Feld von Möglichkeiten, das wir beackern müssen. »Das Geheimnis des Handelns liegt im Handeln selbst«, schreibt Alain. Mit dir zögere ich keine Sekunde, ich will dieses Projekt aufbauen, diese Unternehmung auf die Beine stellen. Mit dir will ich politisch aktiv sein, mich engagieren. Ich will ein Kind mit dir. Für die Beziehungswesen, die wir Menschen sind, ist der Einsatz in einem Projekt oder für eine Sache sehr oft durch Begegnungen bedingt. Ich hatte schon länger daran gedacht, mich zu engagieren, aber erst die Begegnung mit dir hat den Ausschlag gegeben: Der Beweis, dass ich dir begegnet bin, liegt darin, dass wir gemeinsam losgelegt haben.

In seiner Autobiografie *Life* schildert Keith Richards seine Begegnung mit Mick Jagger im Jahr 1960 im Bahnhof von Dartford, einem Vorort von London. Er ist 17 Jahre alt und erkennt das Gesicht vor ihm wieder: »Ich dachte immer, ich wäre meilenweit der einzige Fan, aber dann stehe ich eines Morgens mit einer Platte von Chuck am Bhf […], als ein Knabe, den ich von der Grundschule her kenne, auf mich zukommt. Er besitzt alle Platten von Chuck Berry [und] Jimmy Reed, Muddy Waters, Chuck, Howlin' Wolf, John Lee Hooker […]. Der Kerl da am Bahnhof heißt Mick Jagger«. Sie wechseln ein paar Worte und verabreden sich, um einige Rhythm-and-Blues-Größen nachzuspielen: Buddy Holly, Eddie Cochran, Chuck Berry … Kaum dass sie zu spielen beginnen, drängt sich eine Einsicht auf: Sie harmonieren ohne Zutun und haben unglaublichen Spaß daran – sie müssen es wagen, müssen eine Band gründen. Beide sind schon Musiker und daran gewöhnt, hier und da mit anderen zusammenzuspielen. Was sie aber an diesem Tag spüren, ist anders: Sie können sich des Eindrucks nicht erwehren, dass sich vor ihnen ein ganz neues Feld der Möglichkeiten auftut und dass allein durch die Tatsache ihrer Begegnung die Stärke des einen um die Stärke des anderen bereichert wird. Stärke zu besitzen, bedeutet, den anderen Stärke zu geben, und nicht, sie ihnen zu nehmen. Alle großen beruflichen Begegnungen zeigen es: Wenn es die richtige Verbindung ist, nimmt die Stärke jedes Beteiligten nach einem Gesetz zu, das nicht der Arithmetik folgt: 1 + 1 = 3. Kurze Zeit später stößt der Gitarrist Brian Jones zu Mick Jagger und Keith Richards dazu; er ist Fan von Muddy Waters und hat vor, seine eigene Band nach einem von dessen Stücken zu benennen: The Rolling Stones …

Die Beziehung zwischen Mick Jagger und Keith Richards wird nicht immer einfach sein. In seiner Autobiografie wirft Keith Richards Mick Jagger vor, narzisstisch zu sein, die Führung der Stones an sich gerissen zu haben, alles kontrollieren zu wollen, zum Jetsetter geworden zu sein, der den Geist des Rock'n' Roll verraten habe, zur Karikatur des »Manns von Welt«, der ihm, Keith, dem Arbeitersohn, der er geblieben ist, diametral entgegengesetzt sei … Zwischen ihnen wird es immer eine Rivalität geben, zumal sie die Songs mal gemeinsam, mal unabhängig voneinander schreiben. Doch ihr anfängliches Gefühl wird sich bestätigen: durch über sechzig Platten, Megakonzerte, viele Hits, die sie zu einer der größten Rockbands aller Zeiten machen – ihre vereinten Talente lassen Funken sprühen. Das ist mehr als ein Sich-Zusammentun, als eine Summe: Es ist eine Begegnung. Man braucht sich nur *Sympathy for the Devil*, *Emotional Rescue* oder *Wild Horses* anzuhören, um jene rätselhafte Alchemie wahrzunehmen, die sich nicht nur durch Komplementarität erklären lässt. Da ist nicht nur die Stimme von Mick Jagger, die sich mit den Gitarrenriffs und dem Bass verbindet, oder seine sinnliche Energie, die die weniger geschmeidige, düstere Lässigkeit von Keith Richards wunderbar ergänzt. Mal abgesehen davon, dass der Sänger auch Gitarrist ist und der Gitarrist auch Sänger … Würden sie sich nur ergänzen, bliebe jeder an seinem Platz. Doch ihre Begegnung erzeugt ein kleines Wunder: Getragen von den Riffs von Keith Richards, fliegt die Stimme von Mick Jagger davon und berührt uns auf eine andere Weise. In ihrer Begegnung bringen die Energien der zwei Musiker ein gemeinsames Werk hervor, das eine unbändige Lebenslust in uns auslöst. Die Kraft dieser Begegnung ist besser in Begriffen der Mystik als in Begriffen der Arithmetik zu fassen, denn eigentlich wissen wir nicht genau, was da so gut läuft. Das Symbol dieses Zusammenseins wird »Jagger/Richards« als gemeinsame Signatur von Mick und Keith für die Songs, die der eine oder der andere oder beide gemeinsam schreiben – nach dem Vorbild von »Lennon/McCartney« für die Beatles. Die Schranken der Individualität werden durch die Erfindung dieser Partnerschaft gesprengt und aufgehoben. Das Tandem Jagger/Richards erhält den Beinamen »The Glimmer Twins« und einige Songs zeichnen sie sogar unter diesem Namen. Wenn ich mir *Angie*, *Paint It Black* oder *Gimme Shelter* wieder anhöre, bin ich gerührt, wenn ich mir vorstelle, dass es diese Songs ohne die Begegnung der beiden in einem Londoner Vorortbahnhof vielleicht gar nicht geben würde. Und noch gerührter bei der Vorstellung, dass diese Hits sich schon in jener Erregung ankündigten, die sie verspürten, als sie das erste Mal zusammen spielten.

Wir hören einen Song der Rolling Stones und nicht einen von Mick Jagger und Keith Richards, ebenso hören wir einen Beatles-Song und nicht einen von Paul McCartney und John Lennon. Durch ihre Musik begreifen wir auf sinnliche Weise, was »Zusammensein« bedeutet. Wir sind wie Keith oder Mick in der Lage zu spüren, wenn wir jemandem begegnen, dass wir etwas erfinden werden. Diese Erregung ist der Beweis, dass wir nicht so sehr an unserer eigenen Person, an unserer alleinigen Kompetenz hängen: Wir sehnen uns nach einem kollektiven Abenteuer, das uns stärker macht. Dank dieses Abenteuers werden wir über uns hinauswachsen: Wir werden etwas erschaffen, das größer ist als wir selbst.

Was für eine Band gilt, gilt erst recht für ein Paar. Wie können wir »eins plus eins gleich drei« schreiben, ohne an das Vorhaben zu denken, ein Kind zu bekommen? Wie können wir »das Ganze ist größer als die Summe seiner Teile« sagen, ohne an Familie zu denken? Liebesbegegnungen beginnen oft mit einer Verwirrung, mit dem Gefühl von Evidenz oder mit einer wunderbaren Neugier auf den Anderen, später können sie sich vertiefen, neuen Schwung bekommen und sogar eine andere Wahrheit finden, wenn beide die Lust verspüren, sich gemeinsam in ein Abenteuer zu stürzen: ein Kind haben, eine Familie gründen oder erst einmal zusammenziehen, also das eigene Zuhause verlassen, um ein gemeinsames Zuhause zu schaffen.

Manchmal möchten wir unsere komfortablen Gewohnheiten nicht aufgeben und ziehen ein Leben vor, das um unsere Individualität, unsere Sorgen und Wünsche herum zentriert ist. Die Aussicht auf ein Leben zu zweit oder darauf, eine Familie zu gründen, macht uns mehr Angst als alles andere, kann sogar abstoßend wirken: Wir sehen darin nur einen Haufen Zwänge und Verantwortung, die wir nicht willens oder bereit sind, auf uns zu nehmen. Aber wenn wir die Richtige oder den Richtigen treffen, schwinden – nicht selten fast augenblicklich – all unsere Bedenken und Hemmungen, lösen sich unsere Befürchtungen in Luft auf, verflüchtigen sich unsere Ängste. Das Zeichen der Begegnung ist hier das Gefühl einer neuen Freiheit. Jetzt möchten wir das Abenteuer wagen. Weil wir nicht mehr allein sind. Weil wir den richtigen Menschen gefunden haben, ist das Wagnis nicht mehr so beängstigend, sondern aufregend. Wenn Begegnung diese Wirkung hat, dann ermessen wir in der Gnade der wiedergefundenen Leichtigkeit und in der wiederauflebenden Fähigkeit zum Wagemut, wie sehr wir uns irrten, als wir unsere Existenz auf die des Individuums im Angesicht der Welt reduzierten. Ich hatte Angst, mich einzulassen, weil ich nur mich und die Welt gesehen habe, mich und meine Verpflichtungen, mich und meine Ängste … Ich hatte vergessen, dass das Wesentliche von außen kommen kann. Ich hatte die wahre Natur des Menschen als Beziehungswesen vergessen. Ich hatte vergessen, dass es mir nicht an Begabung oder Stärken oder sogar an Mut fehlt, sondern schlicht nur du gefehlt hast. Du als das Wesen, das nicht ich ist, aber ohne das ich mich nicht verwirklichen kann.

Nach der Begegnung ist das Wesentliche nicht mehr, was ich verwirklichen kann oder nicht, sondern vielmehr, was *wir zusammen* erreichen können. Ab dem Moment, in dem ich diese Möglichkeit einer kollektiven Erfindung spüre, gewinne ich einen heilsamen Abstand zu meinen Befürchtungen und Ängsten, die mit meiner Geschichte, meiner Vergangenheit zusammenhängen, wie die deinen vermutlich bei dir. Der Zauber – den die Rechnung $1 + 1 = 3$ vermuten lässt – wirkt: A begegnet B, und A und B werden mehr als A plus B. Dir zu begegnen, öffnet das Tor zur Zukunft, und ich spüre, wie mir Flügel wachsen, um ihr entgegenzufliegen. Ja, es stimmt, ich wollte keine Kinder, aber da hatte ich dich noch nicht getroffen, ein Kind von dir ist ein besonderes Kind. Dieses Kind mit dir zu haben, ändert alles, wir werden gemeinsam verantwortlich sein, gemeinsam mit den Zwängen umgehen, gemeinsam Eltern werden. Das fühlt sich nicht mehr nach Bürde an, sondern eher nach Abenteuer. Durch die Begegnung mit dir entdecke ich jene Kraft der Freiheit, von der ich nicht wusste, dass sie so stark sein kann. Alles bei diesem neuen Schwung verweist darauf, dass etwas über meine eigene kleine Person hinauswächst: Die Probleme und Befürchtungen sind nicht mehr allein meine, es wird nicht mein Kind, sondern unser Kind sein. Ich hatte nicht vor, meine Stadt, mein Land zu verlassen, aber wenn ich jetzt plane, anderswo mit dir zu leben und unsere Kinder großzuziehen, ist es das Ergebnis unserer Begegnung, für die diese Projekte ebenso viele Zeichen sind.

Natürlich impliziert das Kinderkriegen oder die Gründung einer Familie nicht, dass es notwendigerweise zu einer echten Begegnung gekommen ist. Im 19. Jahrhundert zum Beispiel zeugten Paare, die sich kaum kannten, Kinder und lebten ihre Liebesbeziehungen außerehelich aus. Heutzutage können wir beschließen, ein Kind mit medizinisch-technischen Mitteln der Fortpflanzung zu bekommen, auch ohne den Samenspender zu kennen oder Beziehungspläne zu haben. Manchmal kann das Vorhaben einer Familiengründung, wenn es allzu konformistisch ist oder durch Normbesessenheit diktiert wird, die Begegnung in den Hintergrund drängen. Aber wenn die Begegnung einen Kinderwunsch weckt, wenn sie dieses Vorhaben anstößt und wünschenswert macht, dann sagt das Feuer, das in unserer Brust entfacht wurde, etwas über die Kraft von Begegnung aus: Nicht im

Vorfeld, sondern mitten in der Begegnung fühlen wir die Möglichkeit beben, dass eins und eins drei ergeben.

Später, wenn die Begegnung Früchte getragen hat, erinnern wir uns voller Rührung an diese anfängliche Erregung, an den Moment, als alles möglich zu sein schien. Wir sind wie Mick Jagger und Keith Richards, die mit Schweißperlen in den Augen auf all die zehntausend Menschen schauen, die ihre Lieder mitsingen. Wir sind wie alle Eltern, die glücklich zusehen, wie ihre Kinder wachsen und flügge werden. Das Herz wird uns überquellen vor Freude, etwas geschaffen zu haben, das größer ist als wir selbst.

ICH ENTDECKE DEINE SICHTWEISE

WENN ICH DIE ERFAHRUNG DEINER ANDERSHEIT MACHE

Jemandem zu begegnen, bedeutet, dass wir eine andere Sicht auf die Dinge entdecken und die Erfahrung machen, dass unsere Weltbeziehung sich verändert. Seitdem ich dich getroffen habe, stehe ich nicht mehr im Zentrum meiner Welt und bin auch nicht mehr jene Monade, die die Welt nur aus ihrer eigenen Position heraus wahrnimmt. Jetzt sehe ich die Dinge auch mit deinen Augen. Eine Nachricht macht Schlagzeilen und ich meine zu wissen, wie du sie aufnehmen wirst. Ich nehme an einer Konferenz teil und kann mir denken, welche Überlegungen du dazu anstellen wirst. Ich höre ein Lied und glaube zu wissen, ob es dir gefallen wird oder nicht. Und wenn wir ins Kino gehen, schaue ich mir den Film auch mit deinen Augen an. Beim Verlassen des Saales bestätigst du meine Vermutung, dass diese eine Szene dich besonders berührt hat. Dass ich dir begegnet bin und mir deine Weltsicht zu eigen gemacht habe, hindert mich nicht daran, meine Vorlieben, meine Sicht, meine Anschauung zu behalten, aber sie werden um die deinigen bereichert. Ich habe den Film zwei Mal gesehen: nicht hintereinander, sondern gleichzeitig mit meinen *und* mit deinen Augen. Seitdem ich dich getroffen habe, nehme ich die ganze Welt gleich zwei Mal wahr.

Die Tatsache, nicht mehr im Zentrum der eigenen Welt zu stehen, ist verunsichernd und aufregend zugleich. Verunsichernd, weil ich von meiner gewohnten Sicht auf die Dinge entrückt werde. Aufregend, weil ich die Welt endlich anders sehe: Ich entdecke sie mit anderen Augen. Durch den Blick des Anderen werde ich meiner Welt beraubt, erklärt Sartre, um die schmerzhafte Erfahrung der Andersheit zu beschreiben, die nicht unmittelbar erfolgt. Eine mehrfach wiederholte Erfahrung des Blickwechsels ist notwendig, um Zugang zur Sichtweise des Anderen zu finden. Die Entdeckung der Andersheit verweist darauf, dass Begegnung stattgefunden hat und ihre Wirkung zu entfalten beginnt.

Wir wissen natürlich, dass der Andere existiert, es erfordert jedoch mehr, um ihm wirklich zu begegnen, um seine Andersheit zu erfahren. Ich weiß um den Anderen, wenn ich im Auto sitze und er mich schneidet, aber ich begegne ihm nicht. So auch, wenn mich meine Tätigkeit zwingt, mit ihm zusammenzuarbeiten, aber darum muss ich ihm noch lange nicht begegnen. Und auch wenn der Andere als wechselnder Sexualpartner für mich fungiert, ist noch lange nicht gesagt, dass ich ihm jedes Mal begegne.

Wenn aber der Andere meine Geliebte, mein Freund, meine Partnerin wird, wenn ich eine Begebenheit nicht mehr erleben kann, ohne diese auch durch den Anderen wahrzunehmen, dann weiß ich, dass ich ihm wirklich begegnet bin: Ich mache dauerhaft die Erfahrung seiner Differenz, seiner Andersheit.

Eine seltsame Erfahrung übrigens: Wenn der Andere wirklich anders ist, wie kann ich mich dann an seine Stelle versetzen? Stellt seine Andersheit nicht einen Graben dar, der es mir unmöglich macht, zu ihm zu gelangen, ihn zu verstehen, ihm zu begegnen? Ist eine Begegnung mit dem Anderen überhaupt – dem Wesen nach – möglich? Die Erfahrung belehrt uns glücklicherweise eines Besseren: Die meisten Freunde, Liebenden, Geliebten haben keinen Zweifel daran, einander begegnet zu sein. Doch wie können wir sicher sein, dass diese Begegnung echt ist, dass wir uns nicht einer Illusion hingeben, uns etwas einbilden? Eben durch unsere tagtägliche Beobachtung, dass wir imstande sind, uns zu dezentrieren: Immer dann, wenn wir es schaffen, die Welt mit den Augen des Anderen zu sehen, wird die theoretische Unmöglichkeit dazu Lügen gestraft. Das Leben ist stärker als die Theorie: Immer dann, wenn sich die Welt mir anders darbietet, weil ich sie mit deinen Augen entdecke, weiß ich, dass ich dir begegnet bin.

Untersuchen wir mit dem Philosophen Alain Badiou, was sich in der Liebesbegegnung abspielt: Die Liebe ist »eine Konstruktion, ein Leben, das nicht mehr ausgehend vom Gesichtspunkt des Einen, sondern der Zwei geführt wird«. Diese Konstruktion verwirklicht sich, wie alle Konstruktionen, in der Dauer: Es braucht Zeit, um den Anderen zu entdecken, um zu begreifen, aus welchem Blickwinkel er die Dinge sieht. Wir werden »den Anderen niemals bis in alle Winkel erkundet haben«, stellt Badiou voller Heiterkeit in einem Interview fest. Wie sollen wir das ohne Liebe, ohne Freundschaft riskieren? Wie sollen wir das Unmögliche wagen: die Welt mit den Augen des Anderen zu sehen? Um darauf hoffen zu können, dass dies gelingt, braucht es Gefühle, die von Dauer sind: Freundschaft oder Liebe. Die intellektuelle Erfahrung der Veränderung des Gesichtspunktes wäre ohne Affekte schlicht unmöglich. Ohne Liebe und Freundschaft wären wir unfähig, diese Erfahrung der Andersheit zu machen.

Das ist die Bedeutung dieser rätselhaften Behauptung Platons: »Wer nicht mit der Liebe anfängt, wird niemals wissen, was Philosophie ist.« Wenn Philosophieren bedeutet, aus der Abkapselung in der eigenen Meinung herauszukommen und zu lernen, »gegen sich« zu denken, dann führt mich die Liebe zur Philosophie, weil sie mich lehrt, mich an die Stelle des Anderen zu versetzen, die Welt vom Gesichtspunkt des Unterschieds zu betrachten.

Dass ich die Dinge nicht mehr auf gleiche Weise, allein aus meiner Identität heraus, »ausgehend vom Gesichtspunkt des Einen« sehe, sondern ausgehend von unserem wunderbaren Unterschied, »vom Gesichtspunkt der Zwei«, ist das untrügliche Zeichen dafür, dass ich dir begegnet bin und der Dialog begonnen hat. Ein Dialog, der sich jedes Mal fortsetzt, wenn wir beim Verlassen des Kinos über den Film diskutieren, wenn wir feststellen, wie weit unsere Meinungen zu gesellschaftlichen Fragen auseinanderliegen, wenn wir ermessen, wie unterschiedlich wir sind. Dieser Dialog beginnt übrigens immer häufiger vor der physischen Begegnung, sei es auf dem Handy oder vor dem Computer, und dabei bieten die immer zahlreicheren Begegnungsseiten und -apps sowie die immer länger dauernden Chats vor dem ersten Treffen letztlich die Möglichkeit, sich mit dem Gesichtspunkt des Anderen vertrauter zu machen.

Wenn wir uns für den Gesichtspunkt des Anderen öffnen, lassen sich übrigens manche Missverständnisse ausräumen, manche Krisen entwirren. Stellen wir uns einen Ehemann vor, der gekränkt ist, weil seine Frau die Einladung eines Mannes zum Mittagessen angenommen hat. Dieser Mann bekleidet den gleichen Posten wie sie in einem Konkurrenzunternehmen – mit ihm zu sprechen, kann sich also als sehr aufschlussreich erweisen –, seine früheren Annäherungsversuche waren allerdings ziemlich eindeutig. Ihr Ehemann wünscht sich, dass sie eine klarere Grenze zieht. In seinen Augen kommt ein Mittagessen mit diesem Mann einer Aufforderung gleich und signalisiert die Bereitschaft, sein Spiel mitspielen zu wollen. Er fühlt sich hintergangen. Aber nur, weil er sich den Gesichtspunkt seiner Frau nicht zu eigen macht. Sie hat die Avancen dieses Mannes nicht vergessen, zieht es aber vor, sie zu ignorieren und ein interessantes Gespräch nicht zu verpassen; sie verhält sich so, als hätte das niemals stattgefunden. Wollte sie sich verbieten, mit all denjenigen zu verkehren, die sie angebaggert haben oder anbaggern könnten, würde sich ihr Bekanntenkreis erheblich verkleinern. Sie verschließt also die Augen vor der Hartnäckigkeit dieses Mannes, ohne dass dies als Aufforderung verstanden wird, wie ihr Ehemann befürchtet, um nicht auf den Status einer begehrenswerten Frau reduziert zu werden. Als der Ehemann den Gesichtspunkt seiner Frau einnimmt, wird ihm sein Irrtum klar: Er hatte ihre Gleichgültigkeit als Unehrlichkeit gedeutet, obwohl es einfach eine Vermeidungsstrategie war. Der Perspektivwechsel hat ihn von seinem Gefühl befreit, hintergangen worden zu sein.

Mit seinen philosophischen Dialogen, die als neues Genre mit dem antiken Theater wetteifern sollten, stimmt Platon ein Hohelied auf die Begegnung an: Die Gegenüberstellung verschiedener Gesichtspunkte bringt das Denken hervor und erlaubt allen Diskutanten, daran zu wachsen und sich für die Position des Anderen zu öffnen, ohne die eigene zu negieren, die vielmehr vertieft wird. Die schönsten Dialoge Platons sind, nebenbei gesagt, nicht diejenigen, in denen Sokrates sein Gegenüber mühelos überflügelt, sondern diejenigen – wie *Der Sophist* oder *Das Gastmahl* –, in denen unterschiedliche Gesichtspunkte, die alle gleichermaßen bedenkenswert sind, nebeneinander stehen bleiben.

Auch in der Liebes- oder Freundschaftsbegegnung geht es darum, den Anderen an unserer Seite in seiner Andersheit existieren zu lassen. Wie Alain Badiou schreibt: »Der Hauptfeind der Liebe, derjenige, den ich besiegen muss, ist nicht der andere, sondern das bin ich, das ›Ich‹, das die Identität gegen den Unterschied will, das seine Welt gegen die Welt durchsetzen will, die im Prisma des Unterschieds gefiltert und neu zusammengesetzt wird.« Wenn die Begegnung mit dir meinen Blick auf die Welt nicht verändert hat, ich derart an meinem »Ich« hänge, dass ich die Welt genauso sehe wie vorher, dann bin ich dir nicht wirklich begegnet. Ich habe mit dir zusammengewohnt, vielleicht jahrelang, aber ohne die Erfahrung deiner Andersheit zu machen.

Die Liebe, so Badiou weiter, »ist eine existenzielle Behauptung: die Konstruktion einer Welt unter einem Gesichtspunkt, der abseits meines bloßen Selbsterhaltungstriebes oder meines wohlverstandenen Interesses liegt«. Wenn ich dir begegne, entdecke ich, dass ich die Welt anders als nur durch ein einzelnes Bewusstsein erfahren kann, »sodass diese Welt sich ereignet und geboren wird, anstatt nur das zu sein, was meinen persönlichen Blick erfüllt. Die Liebe ist immer die Möglichkeit, bei der Geburt der Welt dabei zu sein«.

Badiou erwähnt die Welt, die der Andere sieht, wahrnimmt, empfängt. Ich bin bei ihrer Geburt dabei, sobald ich, zumindest teilweise, Zugang finde zum Gesichtspunkt des Anderen. Vielleicht weckt dieser Gesichtspunkt sogar mein Bewusstsein der Existenz *der* Welt: derjenigen, die wir alle beide bewohnen, jenseits unserer unterschiedlichen Wahrnehmungen.

Wenn die Liebe eine »Konstruktion« ist, dann wird die ganze Kraft der Begegnung in der Dauer sichtbar: Nicht in der Initialzündung der Liebe liegt das eigentlich Erstaunliche, sondern in der Zeit, die notwendig ist, um den Unterschied des Anderen umfänglich zu erkunden, es jedenfalls zu versuchen, und mit Staunen zu entdecken, dass auch er ein Zentrum, ein Subjekt und ein Beobachtungsposten des Reichtums der Welt ist.

In seinen Überlegungen zur Erschaffung der Welt durch Gott bedient sich Descartes des Begriffs der *creatio continua*, um zu sagen, dass Gott sich nicht mit dem Schöpfungsakt zufriedengegeben hat, sondern die Welt dauernd erschafft. Auch die Begegnung mit dem Anderen findet nicht einfach nur zum Zeitpunkt *t* statt: Als Ebenbild Gottes gehen wir dauernd, Tag für Tag, dem geliebten Menschen entgegen, begegnen ihm und vertiefen unsere Erfahrung seiner Andersheit. Somit können wir eine Liebesbeziehung denken, die nicht abflaut, sondern sich im Gegenteil entfaltet und sich in der Erkundung der Andersheit des geliebten Menschen verstärkt. Die Begegnung wird zur Einladung, sie fortzuführen: Je näher ich dem Geheimnis des Anderen komme, desto mehr entzieht es sich. Alles, was ich nach und nach vom Anderen begreife, verstärkt – eben wegen seiner Andersheit – die Neugier auf das, was sich mir entzieht. Es ist, als würde das Geheimnis gleichzeitig schwinden (ich kenne dich immer besser) und sich verdichten (da deine Rätselhaftigkeit sich dieser Kenntnis widersetzt). Auch hier müssen wir über den arithmetischen Ansatz hinausgehen, um uns dem Zauber der Begegnung zu nähern.

LIEBESKONSTRUKTION VERSUS LIEBESSYMBIOSE

Die Vorstellung von der Liebe als Konstruktion, als Erkundung des Unterschieds des Anderen, ist Lichtjahre von dem entfernt, was ich »Liebessymbiose« nennen möchte. Im letztgenannten Fall, der häufig in der Jugend als Ideal gilt, sehnen wir uns danach – statt zwei zu bleiben und Tag für Tag etwas besser zu ermessen, wie sehr der Andere ein anderer bleibt –, eins zu sein, eine Symbiose zu bilden, das Gleiche zu fühlen, die gleichen Wünsche und Vorlieben zu haben, das gleiche Leben zu führen, überall und immer auf einer Wellenlänge zu sein. Und wir träumen von dieser Verschmelzung als der höchsten Form der Liebe. Indem wir meist in der Wir-Form sprechen, statt »ich« zu sagen – »wir haben diesen Film überhaupt nicht gemocht« –, stellen wir uns gerne als Paar dar, statt als zwei Individuen, und finden diese Vorstellung schön und romantisch: »Wir lieben uns so sehr, dass wir nur noch eins sind.«

Dabei ist doch gerade, was ein Individuum interessant macht, dass es es selbst ist, einzigartig in seiner Rätselhaftigkeit und Vielschichtigkeit; und wenn dieses Individuum das Glück hat, geliebt zu werden, dann aus diesem Grund: als einzigartiges Wesen, dessen Geheimnis uns anzieht. Wenn es aber mit dem Anderen verschmilzt, hinter der Beziehung verschwindet, genauso fühlt und denkt wie der Andere, verliert es seine Einzigartigkeit, seinen Sinn für Kritik und gerade dadurch seinen Reiz. Hinzu kommt, dass symbiotische Beziehungen meistens ungleich sind: Einer der beiden verschwindet mehr als der andere, und wenn beide nur noch eins sind, dann nur deswegen, weil der eine sich durchgesetzt hat und der andere sich zurückzieht. Dieser Rückzug erfolgt manchmal mit dessen »Zustimmung«. Wenn der eine sich selbst nicht ausreichend liebt und von dem anderen so abhängig ist, dass er nicht allein leben kann, wird die Beziehung diesen Rückzug verstärken. Gegen diese Vorstellung der Liebessymbiose mit ihren etwaigen verheerenden Folgen unterbreitet Alain Badiou eine wesentlich zeitgenössischere Vision von Liebe, die ebenfalls romantisch ist, aber in einem anderen Sinn. Da geht es nicht um Selbstaufgabe oder Selbstvergessen in der völligen Verschmelzung, sondern um das viel konkretere, wirksame, Tag für Tag erneuerte Staunen angesichts der Rätselhaftigkeit des Anderen. Hier bleibt der Andere ein anderer, obwohl ich so viel von ihm weiß, trotz unseres gemeinsamen Lebens und unserer Gewohnheiten, trotz unserer Nähe und Vertrautheit, trotz aller Liebe, die ich dem Anderen entgegenbringe.

Wir sollten uns also in Acht nehmen vor Ausdrücken und Wendungen, die uns scheinbar miteinander verschmelzen lassen und als Paar darstellen, das mit einer Stimme spricht; wir sollten uns vor diesem »Wir« in Acht nehmen, das unseren wunderbaren Unterschied zu negieren droht. Hüten wir so liebevoll wie möglich den Schatz der Andersheit, statt seinen Glanz durch das vorliebgenommene oder abgeschmackte und immer ein bisschen karikaturenhafte »Wir« zu trüben. Die Liebe sollte kein Haus sein, in dem unsere Unterschiede verschwinden, sondern ein Tempel, in dem sie ein Daseinsrecht haben und respektiert, erkundet und geliebt werden.

Zweifellos hat Francesca, die Heldin im Film *Die Brücken am Fluß*, auch ohne mit Robert zu leben, nicht aufgehört, die Brücken in Iowa mit seinen Augen, durch den Sucher seiner Kamera zu sehen. Francesca und Robert sind kein Paar geworden, nach einem märchenhaften Intermezzo sind sie ihrer Wege gegangen. Sie sind nicht miteinander verschmolzen, eins geworden. Aber sie sind einander wirklich begegnet und haben sich dem Anderen geöffnet; auch ohne die Gegenwart des Anderen haben sie noch Jahre später die Welt mit den Augen des Anderen gesehen.

ÉMILIE DU CHÂTELET UND VOLTAIRE: DIE FORTGESCHRIEBENE BEGEGNUNG

Im Jahrhundert der Aufklärung haben Émilie du Châtelet und Voltaire uns ein schönes Beispiel einer Liebesbegegnung als lange währende Erfahrung der Andersheit gegeben. Sie entstammt dem Adel, er dem Bürgertum. Sie ist Wissenschaftlerin – die *Philosophiae Naturalis Principia Mathematica* (auf Deutsch *Mathematische Grundlagen der Naturphilosophie*) des seinerzeit fast unbekannten Gelehrten Isaac Newton wird von ihr erstmals ins Französische übersetzt. Er ist Philosoph und Schriftsteller – durch seine Bekanntschaft mit Émilie du Châtelet bekommt er die Gelegenheit, sich mit Physik und Mathematik vertraut zu machen. »Ich studiere die Philosophie Newtons unter den Augen von Émilie, die meines Erachtens noch liebenswerter ist als Newton«, schreibt Voltaire dem Physiker und Mathematiker Maupertuis. Die

Geliebten teilen dieselbe Leidenschaft für das Studium und sind, was ihre Kühnheit und ihre Ernsthaftigkeit betrifft, gleichermaßen talentiert. Doch ihre Liebe wird sich vor allem um die Vertiefung ihrer Unterschiede drehen – vierzehn Jahre lang auf Schloss Cirey, dessen Hausherr, Émilies Ehemann, sich geschmeichelt fühlt, einen so brillanten Geist wie Voltaire zu Gast zu haben, und der wenig Aufhebens um die Freizügigkeit seiner Frau macht, die er neunzehnjährig im Rahmen einer Vernunftehe geehelicht hat. Vierzehn prall gefüllte Jahre: tagsüber Studium und Debatten, dann mondäne Abendessen, wo sich Gelehrte wie Maupertuis und Staatsmänner wie Richelieu drängen, gefolgt von Aufführungen der Stücke Voltaires in dem von ihm eigens eingerichteten Theater, schließlich die Liebesnächte, nachdem der Wissensdurst gestillt und Ruhe eingekehrt ist. Vierzehn Jahre, um die Welt mit anderen Augen zu entdecken …

Am Beginn ihrer Liebesbeziehung versteht Voltaire nicht, was Émilie du Châtelet eigentlich antreibt, derart verbissen zu arbeiten, und woher ihre Leidenschaft für die Wissenschaft kommt, die sie die Nächte durcharbeiten lässt und ihre Gesundheit gefährdet, aber ihr als einzige Frau des 18. Jahrhunderts die Aufnahme in die Accademia delle Scienze in Bologna bescheren wird. Später begreift er, dass ihrem Einsatz auf den Gebieten der Mathematik und Physik ein feministischer Kampf zugrunde liegt. Weil eine Frau des 18. Jahrhunderts keinen Anspruch auf eine politische Führungsposition oder eine Militärkarriere erheben kann und weil die literarischen Salons von mondänen Damen geführt werden, die der Literatur die Persiflage vorziehen, bleibt für eine ehrgeizige Frau nur der Weg der Wissenschaft. In ihrer *Rede vom Glück* fasst dies Émilie du Châtelet wie folgt zusammen: »Es ist gewiß, daß die Liebe zur Wissenschaft den Männern zu ihrem Glück weit weniger notwendig ist als den Frauen. Männer haben unendlich viele Quellen des Glücks, die den Frauen versagt sind. Sie verfügen über ganz andere Möglichkeiten, Ruhm zu erlangen, und der Ehrgeiz, die eigene Begabung in den Dienst seines Landes zu stellen und seinen Mitbürgern zu dienen – sei es durch Geschicklichkeit in der Kriegskunst oder durch Begabung für den Staatsdienst oder Unterhandlungen –, steht gewiß weit höher als derjenige, den man in die Liebe zur Wissenschaft setzen kann; aber die Frauen sind aufgrund ihrer Lage von jeder Art Ruhm ausgeschlossen, und wenn sich unter ihnen zufällig eine mit einer höhergesinnten Seele findet, dann bleibt ihr nur die Wissenschaft, um sich über all die Abhängigkeiten und Ausschlüsse hinwegzutrösten, zu denen sie durch ihre Lage verdammt ist.« Durch die Begegnung mit Émilie du Châtelet entdeckt Voltaire eine andere Sicht auf die Wissenschaft, auf den Ehrgeiz und nicht zuletzt auf seine Epoche, aber auch die Weltsicht einer Frau und mehr noch einer Feministin – einer der ersten in der französischen Geschichte.

Die Erfahrung der Andersheit macht Voltaire auch auf dem Gebiet der Sitten: Die »göttliche Émilie« ist gerne ungestüm. Ihre Bedürfnisse vermag ein einziger Mann nicht zu befriedigen, und so bittet sie manchmal, wenn Voltaire an seinen Schreibtisch zurückgekehrt ist, Maupertuis oder andere Männer zu sich. Voltaire stammt aus einem bürgerlichen Milieu, in dem die Frau sich ganz ihrem Heim, den Kindern und ihrem Ehemann widmen muss. Wie andere Frauen der aristokratischen Elite möchte Émilie du Châtelet den Geist der Freiheit, der über dem Jahrhundert weht, ergreifen und alles Wissen, alle Vergnügungen auskosten. Sie liebt Voltaire, aber sie gehört ihm nicht. Für den Autor des *Candide* ist diese Erfahrung der Andersheit zunächst sehr schmerzhaft. Der Perspektivwechsel ist hier so radikal, dass man fast von einem »Schock der Dezentrierung« sprechen kann. Émilie du Châtelet ist weit mehr als eine gelehrte Frau: Sie ist stark, frei und hat eine Leidenschaft für die Arbeiten von Newton und Locke, für Edelsteine und Glücksspiele. Voltaire wird eine Weile brauchen, und es wird viel Liebe nötig sein, um sich ihren Gesichtspunkt zu eigen zu machen: Letztlich akzeptiert er – und schätzt sogar – die Freiheit Émilies.

Schließlich macht Voltaire die Erfahrung der Andersheit natürlich auf dem Gebiet der Ideen. Émilie du Châtelet ist optimistisch im leibnizschen Sinne – ein Optimismus, der die Rechtfertigung Gottes, des vermeintlichen Schöpfers »der besten aller möglichen Welten«, in der Mathematik sucht. Die Dinge unter dem Gesichtspunkt des Ganzen zu betrachten, die negativen Seiten in »der besten aller möglichen Welten« zu relativieren, entspricht ganz und gar nicht der Anschauung Voltaires. Mit seiner kritischen Einstellung gegenüber Religionen, seiner Vorliebe für Ironie und seiner Abneigung gegen Dogmen, für kurze Texte und gegen große Denkgebäude, hat Voltaire für den leibnizschen Optimismus nichts übrig. Er wird seine Position beibehalten, sich aber gleichzeitig bemühen, die Position seiner Geliebten zu verstehen.

Wir können seine Schrift *Candide oder der Optimismus* im Lichte dieser mit ihr gehegten und debattierten Andersheit lesen. Indem er mit seiner grausamen Erzählung den leibnizschen Optimismus ins Visier nimmt, trifft er natürlich auch seine Geliebte. Eine gewalttätige Szene folgt auf die andere (blutige Schlachten, Erdbeben, Vergewaltigungen …) und der Satz von Leibniz wird wie ein Mantra wiederholt: »Alles steht zum Besten in der besten aller möglichen Welten«. Voltaire verwendet die Hyperbel, um die Neigung zum Optimismus in der westlichen Philosophie ins Lächerliche zu ziehen; er hat sich die Weltanschauung von Émilie du Châtelet also nicht zu eigen gemacht. Aber es ist zu vermuten, dass sie versucht hat, ihn umzustimmen; dass sie auf Schloss Cirey darüber debattiert haben. Einige Argumente Émilies dürften überzeugend gewesen sein, wurden aber letztlich wieder verworfen. Doch ohne seine Liebe zu ihr, ohne sein Interesse für eine andere Anschauung hätte Voltaire dem leibnizschen Optimismus wohl nicht die geringste Beachtung geschenkt; vielleicht hätte er *Candide* nie geschrieben. Wir können die Sichtweise des Anderen erkunden, ohne sie notwendigerweise zu übernehmen.

Das gilt auch für Émilie du Châtelet: Vierzehn Jahre lang hat sie versucht, sich an die Stelle ihres Geliebten zu versetzen, der zwei Mal in die Bastille gesperrt und wie ein gemeiner Rotürier von den Dienern Rohan-Chabots durchgeprügelt wurde, der etliche Male gezwungen war, aus Paris zu fliehen, der nach England ins Exil gehen musste, unfähig zurückzurudern, seine freien Gedanken zu mäßigen, um seine Sicherheit und ihr beider Glück nicht zu gefährden. Voltaires *Philosophische Briefe* missfallen den Mächtigen sehr und ein bisschen auch Émilie. Sie ist mit allen Höfen Europas und allen Salons vertraut, doch hier entdeckt sie eine Form der Radikalität, die ihr fremd ist. Sie liegt nächtelang wach, sorgt sich, nicht wissend, was dem Mann zustößt, den sie liebt. Doch langsam gelingt es ihr, sich an seine Stelle zu versetzen: Er ist ganz anders als die Aristokraten, mit denen sie groß geworden ist und die sich auf Jahrhunderten der sozialen Unterdrückung bequem eingerichtet haben; er muss noch alles beweisen und hat keine Zeit zu verlieren. Nach seiner Rückkehr aus England ist Voltaire noch kritischer gegenüber der französischen Monarchie als vorher und schreibt, er habe das Land der Toleranz entdeckt, dem Frankreich in nichts gleiche. Émilie ist nicht so radikal geworden wie er, aber sie versteht ihn jetzt besser, ja sie kann seiner Radikalität sogar eine gewisse Schönheit abgewinnen. Platon hatte recht: Wie soll die Erfahrung der Andersheit des Anderen aus so großer Nähe ohne Liebe gelingen?

Grandioser Abschluss: Als Émilie stirbt, ihre Liebesgeschichte liegt schon viele Jahre zurück, setzt sich Voltaire dafür ein, dass die imposante Arbeit seiner Geliebten – die Übersetzung der *Mathematischen Grundlagen* Newtons zusammen mit einem Kommentar, der allein für sich ein selbstständiges Werk darstellt – Anerkennung findet. Der Philosoph bemüht sich um eine Veröffentlichung, obwohl er mit einigen der darin entwickelten Thesen nicht übereinstimmt. Auch nach dem Tod lässt der Andere uns die Erfahrung der Andersheit machen.

Zeichnet das nicht auch einen großartigen Text, ein großartiges Bild, einen großartigen Film aus? Dass sie uns von der gewohnten Subjektposition abrücken lassen, uns zeigen, dass wir die Welt anders betrachten und erfahren, mit anderen Augen sehen, mit anderen Sinnen wahrnehmen können? Dass sie uns durch die Feder des Schriftstellers, durch den Pinsel des Malers, durch die Kamera der Regisseurin an der Geburt einer Welt teilhaben lassen?

Wir alle haben diese Erfahrung der Dezentrierung im Zusammenhang mit einem Kunstwerk, einem Roman, einem Film schon einmal gemacht. Eine meiner letzten Erfahrungen dieser Art hatte ich bei der Lektüre des Buches *Le Royaume* von Emmanuel Carrère, das in deutscher Übersetzung unter dem Titel *Das Reich Gottes* erschienen ist. Carrère erzählt, wie er als Atheist, der er zeitlebens war, gläubig wurde und »das Reich« Gottes entdeckte, oder besser gesagt Jesus Christus, bevor dieser Glaube nach ein paar Jahren so plötzlich verschwand, wie er gekommen war. Ich vertiefte mich so sehr in dieses reichhaltige, fesselnde Buch, das eine wissenschaftliche Erkundung des Lebens Jesu mit persönlichen Reflexionen über eine mystische Erfahrung verbindet, dass ich irgendwann selbst anfing, die Nichtexistenz Gottes anzuzweifeln, die Welt mit den Augen eines Christen zu sehen: Das Verschwinden des Leichnams Jesu an einem Morgen bedeutete eine Zäsur in der Geschichte. Das Reich Gottes befindet sich mitnichten im Jenseits, sondern ist im Hier und Jetzt. Als Atheist, oder zumindest Agnostiker, war ich der Wahrheit des christlichen Glaubens noch nie so nah gekommen. Der erste Schritt besteht darin, an die Auferstehung Christi zu glauben, zu glauben, dass der Leichnam Jesu nicht einfach geraubt wurde, und damit verändert sich das ganze Leben. Für diese radikale Wandlung reicht es, die Frohe Botschaft des Evangeliums zu empfangen:

Christus ist auferstanden. Solange ich das Buch las, hörte ich auf, die Welt mit den Augen des westlichen Rationalisten, des in den eigenen Zweifel verliebten Skeptikers zu sehen. Ich machte Platz für den Mystiker in mir, dessen Existenz ich noch nicht einmal geahnt hatte, und begann die Welt mit seinen Augen zu sehen, mit seinem Herzen zu fühlen. Kurzum, ich bin einem Buch begegnet und über dieses Buch auch seinem Autor. Noch heute ist Platz für den Mystiker in mir, vielleicht auch für den Christen, den zu empfangen mir diese Lektüre erlaubt hat. Ich bin nicht gläubig geworden, die Spuren, die die Lektüre hinterlassen hat, sind inzwischen verblasst – aber nicht ganz. Die Begegnung mit diesem Buch und meine mehrere Monate währende ästhetische Erfahrung haben die Grenzen in meinem Innern verschoben: Ich habe mich für andere Anschauungen geöffnet und »für andere Leben«, um ein weiteres Buch von Carrère zu nennen, das den Titel *D'autres vies que la mienne* trägt (auf Deutsch *Alles ist wahr*) – wörtlich »Andere Leben als das meinige« – und in dem es ebenfalls um die Erfahrung der Andersheit geht. Der Autor führt in Paris ein privilegiertes Leben, aber er entdeckt die Welt mit anderen Augen, denen eines Ehepaares, dessen Kind in einem Tsunami umgekommen ist, und denen jener Männer und Frauen, die in der Schuldenfalle gefangen sind. Der Titel dieses wunderbaren Romans bringt das Thema dieses Kapitels auf den Punkt: Dir zu begegnen, bedeutet zu begreifen, dass es außer meinem Leben noch andere Leben gibt.

Wenn wir, wie Platon schreibt, erst lieben müssen, um philosophieren zu können, erst lieben müssen, um den Gesichtspunkt des Anderen uns zu eigen zu machen, dann befähigen uns vielleicht nicht nur Liebe und Freundschaft allein, die Erfahrung der Andersheit zu machen, sondern auch die Liebe zu Büchern, die Liebe zu Kunstwerken, die uns die Augen öffnen, und auch jene besondere Liebe voller Dankbarkeit, die wir für ihre Schöpfer empfinden. Ich habe *Das Reich Gottes* von Emmanuel Carrère geliebt, wie ich *Alles ist wahr* geliebt habe oder sogar *Der Widersacher* und *Limonow:* Jedes Mal habe ich es geliebt, bei der Geburt anderer Welten, die nichts mit meiner Welt gemein haben, zugegen zu sein.

ICH HABE MICH VERÄNDERT

WENN DER ANDERE MICH ZU EINEM ANDEREN MACHT

Die Erfahrung der Andersheit zeigt früher oder später Wirkung: Durch die Berührung mit dir entdecke ich nicht nur deine Sichtweise, ich verändere mich auch. Ich habe einen neuen Weg eingeschlagen, habe einige meiner Gewohnheiten und auch einige Einstellungen geändert, meine Vorlieben haben sich gewandelt und in manchen Situationen reagiere ich nicht mehr wie früher, kurzum, ich habe mich verändert. Ob zum Besseren oder nicht, ist unwichtig. Der fühlbarste Beweis dafür, dass ich dir begegnet bin, ist: Ich führe mein Leben anders als vorher.

So stellte Albert Camus fest, wie sehr die Begegnung mit Maria Casarès und ihre leidenschaftliche Beziehung, die zwölf Jahre währte, ihn verändert hatten. Casarès war die Tochter eines Ministerpräsidenten der Zweiten Spanischen Republik und Schauspielerin, lebte seit Francos Machtergreifung 1936 im französischen Exil und stand mit Michel Bouquet, Jean Vilar oder auch Gérard Philipe auf der Bühne. Beim Schmökern der tausend Seiten ihres Briefwechsels wird klar, dass Camus »Potenziale« besaß – ein Hang zur Zärtlichkeit, die Fähigkeit, sich auf einen einzigen Menschen zu konzentrieren, statt sich zu verstreuen, eine bestimmte Art, das Leben zu bejahen –, die ohne die Liebe von Maria Casarès wohl niemals wirksam geworden wären. Ihre Begegnung, die am 6. Juni 1944, dem Tag der Landung der Alliierten in der Normandie, stattfand, brachte Camus, wie er selbst schreibt, wieder auf die Beine: »Du bist zufällig in ein Leben getreten, auf das ich nicht stolz war, und an jenem Tag hat etwas angefangen sich zu verändern […]. Ich atmete besser; ich verabscheute weniger, ich bewunderte frei, was bewundert zu werden verdient. Vor Dir, außerhalb von Dir gehörte ich nirgends dazu. Diese Kraft, über die Du Dich gelegentlich lustig gemacht hast, war immer nur eine einzelgängerische Kraft, eine Kraft der Ablehnung. Mit Dir habe ich mehr Dinge akzeptiert. Auf gewisse Weise habe ich gelernt zu leben.« Bei der Lektüre des Briefwechsels bekommt man Lust, einige von Camus' Werken wieder in die Hand zu nehmen und im Licht seiner Begegnung mit Maria zu lesen. Etwa die Essaysammlung *L'Homme révolté*, die 1951 erschien (auf Deutsch *Der Mensch in der Revolte*, 1953), aber schon einige Jahre früher, in den Anfangsjahren ihrer Liebesgeschichte, entstand. Der revoltierende Mensch ist zu einem Nein gegen die Ungerechtigkeit, gegen das nicht Hinnehmbare fähig, und er tut dies nicht nur im eigenen Namen, sondern im Namen aller Menschen. Denn das, was er nicht hinnehmen kann, so seine Ansicht, sollte von keinem Menschen hingenommen werden. »Für alle Existenzen zugleich erhebt sich der Sklave«, schreibt Camus und insistiert gleichzeitig darauf, dass dieses Nein gegen die Ungerechtigkeit immer mit einem großen Ja für das Leben einhergeht. Durch sein Nein gegen das nicht Hinnehmbare bejaht der revoltierende Mensch das Leben so, wie es sein sollte: Seine Kraft der Ablehnung ist zugleich eine Kraft der Bejahung. Der Nihilist ist also kein wirklicher Mensch der Revolte. Ohne Camus' Begegnung mit Maria Casarès wäre der revoltierende Mensch wohl im Wesentlichen ein Neinsager, eine Figur der Ablehnung geblieben und nicht zum Philosophen der Hoffnung, der Bejahung geworden, zu jenem kostbaren, tiefgründigen Lehrmeister.

Camus schreibt Maria, was er ihr zu verdanken hat: »Du hast nicht gemerkt, dass ich plötzlich eine Leidenschaftsstärke auf einen einzigen Menschen konzentriert habe, die ich zuvor hier und da, ganz zufällig und bei allen Gelegenheiten verbreitet habe.« Der Schriftsteller war bekannt dafür, ein Homme à Femmes zu sein. Er hat vermutlich viele Frauen getroffen, aber Maria war die einzige, der er fünfhundert Briefe schrieb. Den anderen begegnete er auf eine andere Weise, seine Bekanntschaft mit ihnen veränderte ihn nicht. Bevor er sie kennenlernte, »verbreitete [er] hier und da« seine »Leidenschaftsstärke«. Dank Maria »konzentrierte« er sich nun »auf einen einzigen Menschen« und zeigte sich durchaus fähig, sich um einen Menschen zu sorgen, der ihm kostbar war, statt sich zu verstreuen. Eroberungen aneinanderzureihen, ist eine narzisstische Genugtuung und Quelle von Genüssen. Mit Maria Casarès entdeckte Camus eine andere, mehr dem Anderen zugewandte Form der Liebe, die sich in der Dauer verwirklichen kann und einem Glück Nahrung gibt, das viel mehr ist als Genuss. Dieser zeitliche Faktor ist notwendig, um sich selbst und den anderen zu entdecken. Die schöne Korrespondenz von Camus und Casarès führt uns außerdem etwas vor Augen, das bei unseren heutigen Chats häufig festzustellen ist: Wir können trotz der geografischen Entfernung oder der Unmöglichkeit, uns physisch zu treffen, eine Fernbeziehung führen, eine Bindung lebendig halten. Letztendlich dürften sich Camus und Casarès über die Zeitspanne ihrer Liebesbeziehung mehr geschrieben als gesehen haben. Einige Briefe zeigen, dass die Erinnerung an erlebte Momente, die wachgerufen, erzählt, am Leben erhalten und stellenweise auch neu erfunden werden, diesen an Intensität in nichts nachsteht.

Ein Don Juan verändert sich nicht: Er verführt alle Frauen, aber keiner begegnet er. Für einen Verführer wie ihn oder auch Camus einer gewesen zu sein scheint, wenn auch in geringerem Maße, sind sich alle Frauen ähnlich, sie halten ihm denselben Spiegel vor, in dem er sich bewundern kann. Vielleicht hat der Verführer genau aus diesem Grund Angst vor der Liebe, vor echter Begegnung: Er liebt sich selbst so sehr, dass er den Wunsch nicht verspürt, sich zu verändern. Vielleicht ist es aber auch das Gegenteil: Er liebt sich nicht und glaubt auch nicht, sich verändern zu können. In beiden Fällen interessiert ihn die Begegnung nicht; er bleibt mit sich selbst identisch.

Wie oft ist zu hören, dass Geliebtwerden das Glück sei, so geliebt zu werden, wie wir sind: Der Mensch, der uns wirklich liebt, nimmt uns mit allen Stärken und Schwächen an und will gar nicht, dass wir anders sind. Das mag stimmen. Aber uns auf diese Weise geliebt zu fühlen, kann uns auch die Kraft geben, unsere Dämonen anzugehen und uns endlich zu ändern.

In seiner *Nikomachischen Ethik* unterbreitet Aristoteles eine schöne Definition der Freundschaft: Ein Freund macht uns *zu einem besseren Menschen*. Ein Freund ist nicht nur jemand, auf den wir uns verlassen können, dem wir unsere Zweifel und Ängste anvertrauen. Er stellt eine Gelegenheit dar – *Kairos* –, dank derer unsere potenziellen Anlagen sich verwirklichen können, dank derer die in uns liegende »Potenz«, verstanden als Feld der Möglichkeiten, »sich aktualisiert«, sprich wirksam wird. Wir können mit dieser Person sogar rivalisieren oder sie nur sporadisch sehen, aber sie ist unser Freund im aristotelischen Sinne, wenn die Beziehung zu ihr uns ermöglicht, uns weiterzuentwickeln. In diesem Sinne sind Freunde: ein Lehrer, dessen Unterricht unseren Wissensdurst weckt oder den Wunsch, einen Weg einzuschlagen, den wir nicht ins Auge gefasst hatten; ein Therapeut, der uns hilft, uns von unseren Symptomen zu befreien und wieder auf die Beine zu kommen; eine Kollegin, an deren Seite wir eine Krise durchgestanden haben und die uns geholfen hat, durchzuhalten … Der geliebte Mensch kann auch unser Freund im aristotelischen Sinne sein. Camus erkannte, dass er durch seine Begegnung mit Maria gewachsen war, stolzer auf sein Leben sein konnte, weniger schnell in Selbsthass verfiel, offener war für Bewunderung. Diese bejahende Kraft schlummerte in ihm, aber erst die Begegnung mit ihr hat es ihm ermöglicht, in den Worten von Aristoteles, »diese Anlage zu aktualisieren«. Er hat sich nicht nur für Marias Weltsicht geöffnet, sondern auch seine eigene weiterentwickelt. Wenn wir uns durch die Berührung mit anderen verändern, begreifen wir, wie sehr wir sie brauchen, um wir selbst zu werden. Dieser Gedanke hat auch etwas Unheimliches: Wenn wir in unserem Leben nicht die richtigen Menschen treffen, sterben wir dann unfertig, unvollendet?

ÉLUARD UND PICASSO, EINE ERHABENE FREUNDSCHAFT

Picasso ist der Inbegriff des vollendeten Künstlers: Als überragender Schöpfer verkörpert er eine Form der Stärke, die auf den ersten Blick nicht erkennen lässt, was sie einem anderen verdanken könnte. Und dennoch, ohne seine Begegnung mit Éluard wäre er nicht derselbe gewesen, wären sein Leben und seine Werke anders geworden. In die Geschichte dieser »erhabenen Freundschaft« (Éluard) zwischen dem Dichter und dem Maler einzutauchen, hilft zu verstehen, dass Freundschaftsbegegnungen wie Liebesbegegnungen sein können: Auch ihnen wohnt die Kraft inne, uns für andere Dimensionen unserer selbst zu öffnen.

Unter den zahlreichen Freundschaften von Picasso nimmt die mit Paul Éluard einen besonderen Stellenwert ein. Seine anderen Freunde, Jean Cocteau an erster Stelle, standen im Dienst des Meisters. Sie bewunderten Picasso mehr als er sie. Die Beziehung zu Éluard war anders. Seit den 1920er-Jahren kreuzten sich ihre Wege immer wieder, der Dichter sammelte Bilder des Malers und der Maler verkehrte mit den Surrealisten, zu deren Schlüsselfiguren Éluard zählte. Wirklich begegnen sollten sie einander aber erst 1934. Picasso schloss Éluard ins Herz und war ihm so tief verbunden wie niemandem zuvor. Picasso ist ein obszöner Mensch mit einer kriegerischen, eroberungswütigen Sinnlichkeit. Éluard ist ein

Idealist und ein Pazifist mit einem ausgeprägten politischen Bewusstsein. Picasso macht durch die Berührung mit Éluard eine Erfahrung der Andersheit, aus der er im Innersten und in künstlerischer Hinsicht verwandelt hervorgeht.

Die ganze Welt würdigt das künstlerische Genie Picassos, dabei hat er immer davon geträumt, ein Dichter zu sein. Für den Maler des Bildnisses *Dora Maar* oder den Zeichner des *Porträts von Nusch Éluard* ist die Dichtung die höchste der Künste; er stellt sie über alles andere. Vor dem Autor des 1926 veröffentlichten Gedichtbandes *Capitale de la douleur* (auf Deutsch *Hauptstadt der Schmerzen*, 1959) fühlt sich der Riese plötzlich ganz klein: An Éluards Seite ist Picasso nicht mehr das imposante Monstrum, sondern ein Amateurdichter und vielleicht ein verhinderter obendrein. Er ist hingerissen von der Art und Weise, wie Éluard mit wenigen Worten plastische Bilder, Visionen erzeugt und, wie er selbst, *zu sehen gibt*, aber eben in der höchsten aller Kunstgattungen. Er empfindet Bewunderung ohne jede Rivalität und erliegt einer Faszination ohnegleichen. Éluard geht es genauso. Auch er hat das Gefühl, durch die Berührung mit Picasso das Sehen neu zu lernen, wie er in dem Picasso gewidmeten sechsteiligen Panegyrikon andeutet, das den Auftakt zum Gedichtband *Donner à voir* bildet, der 1939 erscheint: »Alles wird neu geboren vor deinen gerechten Augen | Und über den Fundamenten der gegenwärtigen Erinnerungen | Ohne Ordnung ohne Unordnung in aller

Schlichtheit | erhebt sich das Prestige zu sehen zu geben.« Éluard wird später sagen, dass er glücklich gewesen sei, im 20. Jahrhundert gelebt zu haben, weil er Picasso begegnen konnte.

Picassos Liebe zur Malerei ist im Übrigen von seiner Liebe zu den Frauen nicht zu trennen. »Kunst ist niemals keusch«, ist immer wieder aus dem Munde dieses Mannes zu hören, der Musen und Modelle, Ehefrauen und Geliebte, Dirnen und Inspiratorinnen sammelte und ein grausamer Verführer war, untreu, aber eifersüchtig und auf eine krankhafte Weise besitzergreifend. Picasso braucht die Frauen: Er benutzt sie, um schöpferisch zu sein. Sie werden instrumentalisiert, oftmals »konsumiert«; er benimmt sich so, als würden sie ihm gehören. Aber dann lernt er über Éluard dessen Frau kennen, Nusch, die Muse der Surrealisten, und sie wird zu einem seiner Modelle. Er lernt, sie mit anderen Augen zu sehen als mit denen eines besitzergreifenden Menschenfressers. Er begnügt sich damit, die Frau eines anderen zu malen, der überdies sein engster Freund ist, und entdeckt, dass eine Frau für ihn posieren kann, ohne ihm zu gehören: Picasso erweist sich als fähig, zu bewundern, ohne besitzen zu müssen. In einem Brief an Roland Penrose schreibt Éluard: »Picasso malt immer mehr wie Gott oder der Teufel allerliebste, wundervolle Porträts von Nusch. Er ist einer der wenigen Maler, die sich benommen haben, wie es sich gehört, und er macht weiter so.«

Die Begegnung mit Éluard bringt Spiel (*jeu*) in das Ich (*je*) von Picasso, ähnlich dem Spiel in einem Scharnier, und setzt im Kern seines Wesens, in seiner Identität etwas in Bewegung, was im Fall eines Menschen wie Picasso umso interessanter ist, als er aufgrund seines Erfolgs in seiner inneren Erstarrung hätte verharren können. Doch der Maler hat keine Ähnlichkeit mit der Figur des Doktor Rogé im Roman *Der Ekel* von Jean-Paul Sartre, einem selbstgerechten, selbstgefälligen Menschen, der unfähig ist, sich der »Geschwollenheit des Seins« zu entledigen. Die verschiedenen Schaffensperioden Picassos zeugen im Gegenteil von einer erstaunlichen Flexibilität. Seine Begegnung mit Éluard lässt ihn neue Dimensionen seiner eigenen Persönlichkeit entdecken und verändert ihn sogar: Picasso wird zum engagierten Künstler.

Solange Picassos ganze Aufmerksamkeit der Kunst gilt, dem Geheimnis der Farben und Formen, der sinnlichen Kraft der Frauen, die ihm als Modell dienen, gibt es in seinem Leben keinen Raum für politische Belange. Zwar fühlt er sich von den Surrealisten angezogen, ihr Engagement aber bleibt ihm fremd, ihr Dogmatismus kommt ihm wie eine Geschmacksverirrung vor. Erst 1934, als Éluard mit ihm über den Kommunismus als dem einzigen Bollwerk gegen den Faschismus spricht und zu bedenken gibt, dass der Kampf für den Frieden sowohl auf ästhetischer als auch auf politischer Ebene geführt werden kann, ertappt sich Picasso dabei, dafür empfänglich zu sein.

Im November 1936 versuchen die nationalistischen Truppen unter Franco, Madrid durch Bombenangriffe und eine Lebensmittelblockade in die Knie zu zwingen: Die Bevölkerung leistet beherzt Widerstand und man sieht Mann gegen Mann in der Stadt kämpfen. Éluard veröffentlicht daraufhin ein Gedicht mit dem Titel »November 1936« in der kommunistischen Tageszeitung *L'Humanité*. Für Picasso ist das der Auslöser, untrennbar verbunden mit seiner Bewunderung für die Dichtung seines Freundes. Der Maler begreift, dass auch er seine Kunst in den Dienst des antifaschistischen Kampfes stellen kann. Am 27. April 1937 wird die baskische Kleinstadt Guernica von der mit Franco verbündeten deutschen Legion Condor bombardiert und fast völlig zerstört. Auf Bitten Éluards macht Picasso diese Begebenheit zum Gegenstand eines Werkes, das er für die Weltausstellung in Paris vorbereitet. Éluard verfasst ein Gedicht als Begleittext für das riesige Gemälde, doch er ist überzeugt, dass angesichts dieser Tragödie ein Bild eine größere Wirkung haben wird als Worte; um das Bewusstsein wachzurütteln, bedarf es eines visuellen Schocks. So ist das bekannteste Gemälde von Picasso die Frucht einer Freundschaft und liegen dessen Ursprünge im Anderen begründet. 1937 malt Picasso *Die weinende Frau*, ein Porträt seiner Geliebten Dora Maar, als eine Art Postskriptum zu *Guernica:* Die Tränen symbolisieren die Verheerungen des Krieges und der Bombardierungen. Picasso hat seit jeher Frauenkörper und Frauengesichter gemalt, doch jetzt, da er den Kampf seines Freundes mitkämpft, verleiht er einem Frauenbildnis eine politische Bedeutung. Ohne die Begegnung mit Éluard (der ihn auch mit Dora Maar bekannt gemacht hat) hätte er diese Wende zum Politischen sicherlich nicht vollzogen. Am 5. Oktober 1944 erscheint in der Tageszeitung *Libération* eine Anzeige, die Éluard persönlich vorbereitet hat, mit dem Wortlaut: »Picasso, der größte Maler unserer Epoche, tritt der Kommunistischen Partei bei«.

1952 erliegt Éluard einem Herzinfarkt. Es ist das erste Mal, dass man Picasso in der Öffentlichkeit weinen sieht. Dazu schreibt der Autor und Journalist Claude Roy: »Am Tag nach der Beisetzung unterhalten sich einige Freunde mit gesenkter Stimme im Zimmer nebenan. Picasso holt Papier heraus und fängt an zu zeichnen. Er nimmt ein Thema in Angriff, das er für eine Porträtserie seines Freundes aufgreifen wird. Wir sind still. Das Schaben des Bleistifts und der Kohle auf dem Canson-Papier ist zu hören. ›Macht das Fenster zu‹, sagt Picasso, ›es ist fast kalt‹. Ich hatte Picasso nie als fröstelnden Menschen erlebt.« Picasso war für seine Härte in der Liebe und in der Freundschaft bekannt. Aber in seiner Beziehung zu Éluard konnte er ein anderes Gesicht zeigen – das Gesicht eines Mannes, der in der Öffentlichkeit um den Verlust seines Freundes weint. Die Veränderung, die Picasso durch seine Begegnung mit Éluard durchgemacht hat, zeigt sich auch darin, dass er die eigene Verletzlichkeit zulässt. Der feurige Mann, der es gewohnt ist, im Winter im T-Shirt herumzulaufen, entdeckt, dass ihm kalt sein kann. Der Schöpfer mit der überbordenden Phantasie und Begierde entdeckt die Leere, die der Tod seines Freundes hinterlassen hat.

Das ist die wahre Kraft der Begegnung: eine Kraft der Veränderung. Camus hat durch seine Begegnung mit Maria Casarès erfahren, wie sich das Verhältnis von Bejahung und Abscheu umdrehen kann. Picasso hat sich durch seine Begegnung mit Éluard selbst gestattet, einfach wieder Pablo zu sein.

Beim Niederschreiben dieser Zeilen muss ich an einen Freund denken, der sein Leben verändert hat. Er war Personalchef in einem Konzern und eines Tages wurde Kehlkopfkrebs bei ihm diagnostiziert. Die entscheidende Wende in sein Leben brachte allerdings weniger die Krankheit als die Begegnung mit seinem Arzt. Ihm wurde klar, dass er keinen Sinn mehr in seiner Arbeit sah. Das hatte sich schon angedeutet, doch erst durch seine Bekanntschaft mit dem Arzt konnte er dieser Tatsache ins Auge sehen und die Konsequenzen ziehen. Die regelmäßigen Treffen mit einem Gleichaltrigen, der seine Lebenszeit und seinen Kopf für eine ehrenwerte Aufgabe einsetzte, brachte ihn dazu, seine eigene Lage zu überdenken. Der Beruf des Personalchefs mag durchaus etwas Ehrenwertes haben, allerdings übte er ihn unter denkbar schlechten Bedingungen aus. Die Firmenleitung hielt ihn dazu an, die Löhne als Kosten und die Arbeitsplätze als Anpassungsvariablen anzusehen. Hatte er das anspruchsvolle lange Studium absolviert, um so zu enden? Dieser Gedanke wurde ihm unerträglich. Sicherlich trugen die Krankheit und die Angst zu sterben dazu bei, dass er sich darüber klar wurde. Doch nicht alle Kranken verändern sich. Viele machen nach ihrer Genesung genau an dem Punkt weiter, an dem sie krankheitsbedingt aufgehört hatten. Ob er ohne die Begegnung mit dem Arzt an seine Stelle als Personalchef zurückgekehrt wäre? Er erzählte mir, dass ihre Gespräche, die Geistesgegenwart des Onkologen bei seinen Visiten im Krankenzimmer, egal wie kurz sie waren, und die Feinfühligkeit, mit der er ihm die schlechten wie die guten Nachrichten beibrachte, einen nachhaltigen Eindruck bei ihm hinterlassen hätten. Kurzum, er machte die Erfahrung einer echten Begegnung. Die Bewunderung für diesen Arzt weckte in ihm den Wunsch, ein besserer Mensch zu werden. Für Nietzsche ist der Mensch in seiner Einzigartigkeit eine Brücke zu einem anderen einzigartigen Menschen … In der Reha hat sich meinem Freund der Entschluss förmlich aufgedrängt: Er musste einen anderen Weg einschlagen, den Beruf wechseln, ein neues Leben beginnen. Er hielt es für besser, andere zu unterrichten, statt sie zu entlassen. Er machte das Staatsexamen für das höhere Lehramt und ist jetzt Französischlehrer an einem Gymnasium.

Nicht alle Veränderungen sind so offensichtlich wie diese. Nicht alle sind die Folge einer Erschütterung, einer Offenbarung, einer Umkehr oder Verwandlung. Manche von ihnen sind eher »stille Wandlungen«, wie François Jullien sie nennt: Veränderung findet fast unmerklich, zuweilen unbewusst statt, jedenfalls zu Beginn, in einer Folge von Ablagerungen, bis zu dem Tag, an dem ganz plötzlich der zurückgelegte Weg ermessbar wird.

Die Lektüre von Camus' *Der Fremde* hat mich nicht schlagartig verändert, doch heute, mit dem nötigen Abstand, weiß ich, dass sie der Auslöser für einen stillen Wandlungsprozess war, dem weitere Begegnungen, weitere Erfahrungen Nahrung gegeben haben. Weil ich dieses Buch als Fünfzehnjähriger las und seither noch mehrere Male gelesen habe, weil ich auch *Hochzeit des Lichts* und *Heimkehr nach Tipasa* entdeckte, mich Camus' Sprache überwältigte und die algerische Sonne blendete, die aus allen Seiten strahlt, weil ich in diesen kurzen Texten einen Zugang zum Heimatland meiner Mutter fand, von dem mir kaum etwas zu Ohren gekommen war, ist heute mein Verhältnis zur Sonne, zum Sommer und, so scheint es, sogar zum Unglück ein anderes geworden. Ich glaube sagen zu können, dass die Sonnenstrahlen meine Haut, meine Stirn auf eine andere Weise berühren, seitdem ich diesen Meisterwerken von Camus begegnet bin. Und insbesondere seitdem ich diese Zeilen in *Hochzeit des Lichts* gelesen habe: »Zu gewissen Stunden ist das Land schwarz vor lauter Sonne. Vergebens suchen die Augen mehr festzuhalten als die leuchtenden Farbtropfen, die an den Wimpern zittern.« Und einige Seiten weiter: »Nackt muss ich sein und muss dann, mit allen Gerüchen der Erde behaftet, mich reinigen in seinen Salzwassern [...]. Zurückgekehrt an den Strand, werfe ich mich in den Sand, gebe mich der Erde hin, fühle aufs Neue das Gewicht meines Fleisches und meiner Knochen und wage, betäubt von der Sonne, in langen Pausen einen Blick nach meinen Armen, wo aus der tröpfelnden Nässe trockne Hautstellen auftauchen mit Salzstaub und blondem Haarflaum.« Schwer zu sagen, warum mich Camus' Sprache derart berührt hat. Vielleicht weil sie mir das Land meiner Mutter nahegebracht hat, vielleicht weil ich zu »kopflastig« war und als Stadtkind von der eigenen Körperlichkeit und Sinnlichkeit kaum etwas wusste. Eines ist sicher: Ich musste erst Camus lesen, um in der Sonne mehr zu sehen als ein reines Wetterphänomen. Bevor ich Camus begegnete, war die Sonne etwas, wovor man sich mit einer Kappe und Sunblocker schützen musste. Danach wurde sie mir zur Verbündeten in schwierigen Phasen; ich sollte lernen, die Welt in ihrem untrüglichen Licht zu sehen. Kurzum, ich begegnete der Sonne dank Camus. Ich entdeckte etwas in seinen Büchern, das ich später selbst versuchen sollte und das fast schon zu einer Lebensdevise wurde: mich zu bemühen, auch in schweren Zeiten, trotz der Enttäuschungen und Verletzungen, heiter zu bleiben; das Leben zu lieben, selbst wenn es ganz sinnlos wäre. Und dann schrieb ich selbst einen Roman – *La Joie* (»Die Freude«) –, um ebenjene Wandlung wiederzugeben, die sich aufgrund der Lektüre von Camus' *Der Fremde* in mir vollzogen hatte.

Weil ich die von Emmanuel Carrère dargebotene Einladung zur Reise durch sein *Reich Gottes* angenommen habe, betrete ich heute eine Kirche anders als vorher, und wenn die Sonne durch die Kirchenfenster scheint, schaue ich mit anderen Augen zu ihnen hoch. Und ich schenke den Gläubigen, die mir von ihrem Glauben erzählen, ein anderes Ohr. Vorher sah ich darin ein Symptom kindlicher Regression, wie Freud diagnostizierte, und vernahm vor allem das Bedürfnis nach Schutz und Sicherheit. Seit ich aber *Das Reich Gottes* gelesen habe, frage ich mich, wie das Entdecken der Frohen Botschaft des Evangeliums sie wohl durchdrungen hat, ihr Dasein verklärt hat. Früher blickte ich spöttisch auf sie, heute beobachte ich sie mit Neugier, vielleicht sogar mit einer Spur Neid.

Camus' Welt ist eine gottlose Welt, Carrères *Reich Gottes* ist durchdrungen vom Mysterium Jesu Christi – jeder hat mir auf seine Weise Nahrung gegeben, beide haben mich verwandelt, erst in aller Stille, dann immer lauter, bis mir keine andere Wahl mehr blieb, als das Offenkundige zu vernehmen: In mir ist ausreichend Platz für einen Mystiker, der die Augen zum Himmel hebt, und für einen Atheisten, der sie wieder schließt, die Augenbrauen und Haare noch voller Meersalz, um das Brennen der Sonne besser zu spüren.

DER WUNSCH NACH ANERKENNUNG

Die Philosophie Hegels hilft uns zu begreifen, warum die Begegnung mit dem Anderen die Kraft hat, uns zu verändern. In seiner »Dialektik von Herrschaft und Knechtschaft« stellt er den Herrn und den Knecht auf eine auf den ersten Blick erstaunlich anmutende Weise einander gegenüber. Auch wenn der Herr befiehlt, so bleibt er doch, dem Verfasser der *Phänomenologie des Geistes* zufolge, im geschlossenen, narzisstischen Kreis seiner Autorität und Subjektivität gefangen. Da er keinem anderen Herrn, keinem Alter Ego begegnet und nicht arbeitet, kann er auch keine objektive Anerkennung des eigenen Wertes erfahren. Ohne diese Erfahrung des Andersseins kann er aber nicht wissen, wer er ist. Umgekehrt hat der Knecht, selbst wenn er dem Herrn gehorcht, die Gelegenheit, der Natur zu begegnen, mit der er durch seine Arbeit konfrontiert wird; diese Arbeit erlaubt ihm, Selbstbewusstsein zu erlangen, indem er sich in seinen Werken wiedererkennt, und auch Bewusstsein über die Alter Egos, die mit ihm zusammenarbeiten und durch die er anerkannt werden kann. Für Hegel kann die Freiheit nur »objektiv« sein: objektiv belegt durch Handlungen, die der Zustimmung der anderen unterliegen. Der Knecht ist daher freier als der Herr. Das ist natürlich eine Parabel, aber sie erhellt den entscheidenden Stellenwert, den die Begegnung bei uns Menschen, diesen seltsamen Tieren, einnimmt. Um uns weiterzuentwickeln, müssen wir anderen begegnen. Nichts anderes bedeutet die hegelsche Dialektik: Um ihre ganze Kraft entfalten zu können, muss eine Idee auf eine andere Idee treffen. Eine These allein kann ohne Antithese, ohne Negation, ohne die Konfrontation damit nicht wirklich zum Ausdruck kommen. Das Gleiche gilt für das Individuum. Die Konfrontation mit einem anderen Bewusstsein ist notwendig, um gegen dessen Unterschiedlichkeit zu lernen, sich zu situieren, um den eigenen Wert zu kennen und sich weiterzuentwickeln. Wir müssen dem Anderen begegnen, um darauf hoffen zu können, dass sich – nach Hegel – unser innigster Wunsch erfüllt: der Wunsch nach Anerkennung. Wie sollen wir ohne Konfrontation mit dem Anderssein wissen, wo wir stehen und wer wir sind?

Selbst Gott fühlt diese Notwendigkeit. Am Beginn der Geschichte, am Anfang der Zeiten, schreibt Hegel in seiner großen metaphysischen Erzählung *Die Phänomenologie des Geistes*, hat Gott nur eine ungefähre Vorstellung von sich. Trotz seiner göttlichen Wesenheit haust der »Geist der Unruhe« in ihm, wie ein Hegel-Kommentator einmal schrieb: Er will wissen, wer er ist. Also erschafft er sein »Anderes«, das ihm am meisten entgegengesetzt ist, die Natur, als Gegenüber, dem er begegnen wird … Der größte Gegensatz, den es gibt, ist der zwischen Geist und Materie. Dieser Gründungsakt, anhand dessen Hegel die Erschaffung der Welt neu denkt, wird im Licht des Bedürfnisses nach Anderssein verständlich. Durch die Begegnung mit der Materie, in der Konfrontation mit der Natur, wird der Geist seine Unterschiedlichkeit ermessen und begreifen, wer er ist. Nach und nach wird er sich in der Natur verwirklichen, sich in ihr vergegenständlichen, sie *vergeistigen:* Diese Suche des Geistes durch sich selbst ist der Motor der Menschheitsgeschichte. Darum zeichnet sich Geschichte durch Fortschritt aus: Im Lauf der Jahrhunderte entwickelt der Geist sein Selbstbewusstsein weiter. Gott gewinnt eine bessere Kenntnis seiner selbst: Er ist die Freiheit und schaut sich in der Welt an. Diese meisterhafte hegelsche Erzählung mag uns heute seltsam vorkommen, in einer Epoche, in der die Idee des Fortschritts der Geschichte weniger naheliegend ist als im 19. Jahrhundert, doch sie ist insofern für uns interessant, als sie etwas über den Mechanismus der Begegnung aussagt: Sie stellt den metaphysischen Kern aller Verwirklichung, allen Fortschritts dar. Selbst Gott bedarf der Begegnung mit seinem Anderen. Für die Menschen gilt das erst recht: Wir müssen auf das zugehen, was nicht wir selbst ist, andernfalls können wir unmöglich wissen, wer wir sind. Ohne Begegnung mit dem Anderen ist eine Begegnung mit uns selbst unmöglich.

»Es gibt keine Liebe, nur Liebesbeweise«, schreibt Pierre Reverdy mit leisem hegelschem Beiklang. Liebe beweist sich in Taten, so wie eine schöne Begegnung sich an den Veränderungen bemisst, die sie vollbringt. Hegel zu folgen, erlaubt uns, wachsam gegen schlechte oder toxische Begegnungen zu bleiben. Die guten Begegnungen lassen mich wachsen, machen einen besseren Menschen aus mir, öffnen mich für die Welt, die schlechten hingegen machen mich klein, treiben mich in die Abhängigkeit, kapseln mich ab. Wenn ich mich verändert habe, aber zum Schlechten, dann weil der Andere die Lebenskraft in mir nicht geweckt hat, weil er vielleicht Gift für mich ist, meine Schwächen ausnutzt, mich erniedrigt, um sein bisschen Macht auszukosten. Es gibt so viel anderes zu erleben, so viel Schönheit, die in uns schlummert, auf ihre Stunde wartet, auf die Gelegenheit, sich zu entfalten, so viele andere mögliche Begegnungen, die denen etwas entgegensetzen, die uns zunichtemachen: der Therapeut, der uns hilft, die Mechanismen unserer Selbstentfremdung oder Abhängigkeit zu erkennen; die Freundin, die uns eine Stütze ist und unser Selbstvertrauen stärkt; der Partner, dank dessen wir uns beruflich verwirklichen werden; die Liebe, die uns vor uns selbst als liebenswürdig offenbart.

Ob unter den Vorzeichen der Liebe und der Freundschaft oder im beruflichen Umfeld, schöne Begegnungen sind daran erkennbar, was sie in uns bewirken. »Man möchte, daß die Menschen, die man zu lieben beginnt, einen gekannt hätten, wie man war, ehe man sie kennenlernte, damit sie gewahr werden können, was sie aus einem gemacht haben«, schrieb Camus im August 1956 in sein Tagebuch.

ICH FÜHLE MICH FÜR DICH VERANTWORTLICH

WENN DER ANDERE MICH ALS MORALISCHES WESEN OFFENBART

Der innere Wandel, den Begegnung bewirkt, kann auch moralischer Natur sein. Weil ich dir begegnet bin, weil wir uns plötzlich gegenüberstanden und mich deine Zerbrechlichkeit gerührt hat, wurde ich von meinem natürlichen Egoismus oder zumindest von meiner Gleichgültigkeit losgerissen: Ich fühle mich für einen anderen als mich selbst verantwortlich. Die Begegnung mit dir offenbart mich als moralisches Wesen.

Weil mir auf der Straße dieser Obdachlose mit der pockennarbigen Haut aufgefallen ist und ich meinen Blick nicht abwandte, sondern ihn angesprochen habe; weil er mir seine Geschichte erzählt hat und ich empfänglich dafür war, kann ich meinen Weg nicht mehr gleichgültig fortsetzen. Diese Begegnung lenkt mich von mir selbst, meinen eigenen Verpflichtungen und Sorgen ab. Plötzlich beschäftigt mich der Andere. Ich frage mich, ob er wohl in der U-Bahn oder in einem Heim schläft, ob es besser ist, ihm Geld zu geben oder ein Sandwich, ob es mehr sein soll als nur ein belegtes Wurstbrötchen. Plötzlich fühle ich mich für ihn mitverantwortlich. Er ist da, direkt vor mir, so nah, irgendwie stark – in den letzten fünfzehn Jahren auf der Straße hat er schon manches gesehen –, aber auch so verletzlich; seine Hände zittern, die Einsamkeit macht ihm zu schaffen. Es wird kalt werden heute Nacht. Ob ich ihn mit nach Hause nehmen soll? Oder ein Hotelzimmer buchen? Oder zumindest einen dicken Pullover geben? Ich stelle mir die – nach Kant – moralische Frage schlechthin: Was soll ich tun?

»Sprechen heißt den Anderen erkennen und sich ihm gleichzeitig zu erkennen geben«, schreibt Emmanuel Lévinas in *Schwierige Freiheit*. Unsere Verantwortung beginnt in dem Moment, in dem wir mit dem Anderen ins Gespräch kommen. Die banalste Frage könnte auf etwas Gewichtiges hinauslaufen. Das erklärt, warum wir einen Obdachlosen lieber nicht ansprechen und eine Begegnung erst gar nicht zustande kommen lassen: So werden wir uns für ihn nicht verantwortlich fühlen. Mag sein, dass wir ein schlechtes Gewissen haben, wenn wir mit gesenktem Kopf und abgewandtem Blick unseren Weg an ihm vorbei fortsetzen. Aber wir sind für sein Los nicht verantwortlich.

Das Gebot, den Anderen zu achten, ist das Kernstück unserer jüdisch-christlichen Kultur, aber es ist oft zu allgemein und zu abstrakt. Wir bringen den Kindern bei, dass jeder Mensch Achtung verdient, unabhängig von seinen Taten, allein aufgrund seiner Zugehörigkeit zur Menschheit. Bei Kant findet sich die Idee, dass die Menschheit im Anderen »immer als Zweck und nie als bloßes Mittel« angesehen werden darf. Das bedeutet, dass wir den Anderen als Person achten müssen, selbst wenn unser Verhältnis zu ihm ein interessegeleitetes ist, weil er unser Kollege, unsere Angestellte, unser Kunde ist. Ohne echte Begegnung des Anderen jedoch wird dieses Gebot, den Anderen zu achten, nur eine Worthülse, ein frommer Wunsch bleiben. Das wahre moralische Gebot, führt Lévinas aus, kommt weder von Gott noch von unserem Gewissen. Es kommt zuerst vom Anderen, von seiner Gegenwart. Von ebenjenem Anderen, der manchmal kein Wort zu sagen braucht, sondern einfach da ist, hier vor mir, in einer prekären Lage, verletzlich, menschlich. Seine Vulnerabilität verpflichtet mich, sobald ich ihm begegne.

Die Vulnerabilität eines Neugeborenen zum Beispiel setzt diesen Prozess des Gewahrwerdens sofort in Gang: Ich bin deine Mutter, ich bin dein Vater, und dein Leben liegt in meinen Händen. Zugegeben, die kleinen Fußtritte meiner Kinder im Bauch ihrer Mutter haben mich gerührt, auch habe ich mit ihnen gesprochen, bevor ich sie sehen konnte, aber so richtig als Vater habe ich mich nicht gefühlt. Erst bei der Geburt, als ich den kleinen zarten Körper sah, das Gesicht zum Vorschein kam, gab es nicht mehr den leisesten Zweifel: Plötzlich war das Verantwortungsgefühl da.

BEIM ANBLICK DES GESICHTS DES ANDEREN

Lévinas hat einige wunderschöne Seiten über die »schutzlose« menschliche Haut geschrieben. Unsere Haut ist viel dünner als die der anderen Säugetiere. Es ist gar nicht so schwer – zumindest materiell gesprochen –, einen Menschen zu töten. Das erste moralische Gebot »Du sollst nicht töten« hat erst dann einen Sinn, wenn der Andere als Gegenüber wirklich anwesend ist, er mir sein Gesicht zuwendet, er mich für sein Überleben verantwortlich macht. Lévinas bezeichnet diese Verantwortung sogar als Geiselschaft. Die Vulnerabilität des Anderen nimmt uns in Geiselschaft: Wir können es uns jetzt nicht mehr aussuchen; wir haben die Pflicht, uns seiner anzunehmen. Diese Verantwortung als Geiselschaft ist nicht negativ aufzufassen. Die Verantwortung, die mir zufällt, offenbart mir meine wahre Natur als moralisches Wesen und genau genommen auch die »schwierige Freiheit«, die es bedeutet, mich gut zu verhalten. »Erst wenn ich den Anderen anspreche, erfahre ich mich selbst«, schreibt Lévinas an anderer Stelle, um zu sagen, dass die Begegnung mit dem Anderen uns endlich auf Augenhöhe mit unserer Menschlichkeit bringt, uns auf die Ebene unserer Gegenwart für die anderen hebt.

Lévinas verwendet häufig das Wort »Gesicht« (*visage*), wobei er damit eigenartigerweise den ganzen Körper des Anderen meint, der vor mir aufgetaucht ist: Das »Gesicht« des Anderen ist der *Andere als Ganzes*, für den ich die ganze Verantwortung trage.

Das Gesicht des zum Tode Verurteilten wird, wenn der Moment gekommen ist, ihn dem Henker vorzuführen, mit einem Tuch oder einer Kapuze bedeckt. Es ist einfacher, einen Menschen zu töten, wenn man sein Gesicht nicht sieht, seiner Menschlichkeit nicht begegnet ist. Auch im Krieg kann der Helm, den der Gegner trägt, seine Tötung begünstigen – ein Paradox und ein Vorteil zugleich. Wenn ich den Anderen sehe, seine Menschlichkeit, kann das Hemmungen auslösen, meine Tötungskraft bremsen. Die Traumata der Soldaten rühren daher, dass sie gerade noch ein Gesicht, einen entsetzten Blick erhascht und eine Stimme gehört haben. Diese Bilder und Laute verfolgen sie, weil sie ihrem Opfer begegnet sind, und sei es noch so kurz. Die Gesichter erinnern sie daran, dass ihr Treiben auf dem Schlachtfeld in diametralem Gegensatz zum ersten aller Gebote steht: Du sollst nicht töten.

»Nach Ihnen, meine Dame!« – »Nach Ihnen, mein Herr!« – für Lévinas ist diese heute kaum noch verwendete Höflichkeitsformel der Ausdruck einer moralischen Haltung. Die Höflichkeit, die man für oberflächlich halten kann, steht für ihn am Beginn des Moralbewusstseins. Das lässt sich gut nachvollziehen, wenn wir uns das Beispiel unserer Begegnung mit dem Obdachlosen vor Augen führen. Indem wir ihm gegenüber höflich sind, nehmen wir uns bereits seiner an und fühlen uns ein Stück verantwortlich. Die Begegnung mit seinem Gesicht bedeutet, dass wir uns unserer Verantwortung als Mensch nicht mehr entziehen können. Das ist vermutlich auch der Grund, warum das berühmte Bild *Der Schrei* von Edvard Munch uns so berührt. Das vor Grauen verzerrte Gesicht konfrontiert uns nicht nur mit der Angst dieses Menschen. Er hält den Kopf mit beiden Händen. Er erträgt den Lärm der Welt nicht mehr. Er erträgt sein eigenes Leben nicht mehr; vielleicht springt er gleich von der Brücke. Dieser Schrei ist ein Appell. Dieses Gesicht appelliert an uns, ruft uns: Seine Verzweiflung schreckt uns mindestens genauso wie unsere Verantwortung.

Ich selbst habe oft erlebt, wie notwendig die Begegnung mit den Schülerinnen und Schülern ist, um meine Verantwortung als Lehrer wirklich wahrnehmen zu können. Die Noten, die ich vergebe, und die Beurteilungen, die ich in ihre Zeugnisse schreibe, können entscheidend für ihre Zukunft sein und Türen öffnen oder auch schließen. Es passiert mir immer wieder, dass mit ein paar Schülern eines Jahrgangs keine Begegnung zustande kommt, dass das Jahr vergeht, ohne dass wir irgendeine Art von Beziehung aufgebaut hätten. In diesem Fall verwende ich beim Ausfüllen des Zeugnisses neutrale Begriffe und fasse mich kurz, wie um meine Verantwortung abzuschütteln. Ich versuche dem Schüler nicht zu schaden, aber da ich ihn so gut wie nicht kenne, kann ich ihm auch nicht helfen. Ganz anders verhält es sich, wenn mit einem Schüler eine Begegnung tatsächlich stattgefunden hat, wenn wir etwas gemeinsam geschafft, uns gegenseitig überrascht haben, dann spüre ich Verantwortung, übrigens ganz unabhängig von seinen Leistungen, und fülle das Zeugnis mit einer völlig anderen Bedachtsamkeit aus; ich wäge meine Worte genauer ab, bin präziser in meiner Beurteilung und habe das Gefühl, an seiner Zukunft wirklich teilzuhaben. Das mag als Verstoß gegen das Gleichheitsprinzip ausgelegt werden, aber es ist nun mal so. Erst wenn ich dem Schüler in seiner Einzigartigkeit wirklich begegnet bin, übernehme ich meine volle Verantwortung als Lehrer. Mein Berufsethos allein reicht da nicht aus.

Nun ist auch besser zu verstehen, was unserem ökologischen Bewusstsein zuwiderläuft. Wenn die Gegenwart des Anderen und die Begegnung mit ihm notwendig sind, um mir meine Verantwortung aufzuzeigen, wie soll ich sie dann für Menschen fühlen, die mitten im Amazonasregenwald leben, der durch den Intensivanbau von Soja für unseren exzessiven Fleischkonsum von Abholzung bedroht ist? Wie soll ich mich für den Inuit verantwortlich fühlen, der Tag für Tag die Auswirkungen des Klimawandels beobachtet und zusehen muss, wie die Populationen der Polarbären, Robben und Seevögel schrumpfen, deren Überleben vom Eis abhängt? Unser »ökologischer Ruck« ist vor allem für unsere Kinder und Enkel und zumal für deren Kinder existenziell. Doch die kommenden Generationen sind noch nicht geboren … Wie sollen wir uns aber für Wesen verantwortlich fühlen, denen wir nicht begegnen, deren Gesicht wir nicht kennen werden?

Der Roman *Der Fall* von Albert Camus schildert die verpfuschte Lebensgeschichte eines ehemaligen Pariser Anwalts und die verpasste Erfüllung seiner Pflicht. Eines Nachts in Paris, als Jean-Baptiste Clamence zu Fuß durch die Stadt läuft, kommt er einer jungen Frau nicht zu Hilfe, die sich vom Pont des Arts in die Seine gestürzt hat. In einem kurzen und äußerst düsteren Monolog schildert der Protagonist ein Leben voller Selbstvorwürfe und Trübsal. Der »Fall« erfasst ihn körperlich wie geistig und bringt Clamence dazu, sein ganzes früheres Leben vor jener Schicksalsnacht – das Leben eines selbstverliebten Aufsteigers – infrage zu stellen. Liest man die kurze dramatische Szene, wird einem allerdings schnell klar, dass er dieser jungen Frau nicht wirklich begegnet ist. Er hat sie kurz gekreuzt und dann ein Geräusch vernommen, das sich für ihn anhörte wie ein Körper, der ins Wasser fällt. Er ist weitergelaufen, ohne einen Krankenwagen zu rufen, und genau das verfolgt ihn in seinen Gedanken zusammen mit der Silhouette der jungen Frau. Für ihn bleibt sie ein Schemen, denn er hat ihr Gesicht nicht gesehen und ihre Blicke haben sich nicht gekreuzt. Im Sinne von Lévinas ist er ihr also nicht begegnet und konnte sich auch nicht in vollem Maße für sie verantwortlich fühlen. Hätte er ihr Gesicht gesehen, er hätte vielleicht reagiert und versucht, sie aufzuhalten. Er hätte ihr Leben retten können. Und bei dieser Gelegenheit auch sein eigenes.

ICH BIN AM LEBEN

WENN DER ANDERE MIR DAS LEBEN RETTET

Wir können nicht über die entscheidende Rolle von Begegnungen in unserem Leben sprechen, ohne an solche zu erinnern, die uns buchstäblich das Leben retten.

Die Geschichte des polnisch-jüdischen Pianisten Władysław Szpilman, genannt Władek, der aus dem Warschauer Ghetto fliehen konnte und von einem deutschen Offizier gerettet wurde, ist ein bewegendes Beispiel dafür. Bei Ausbruch des Zweiten Weltkriegs ist Władek als Pianist beim Polnischen Rundfunk engagiert und eine prominente Persönlichkeit des Kulturlebens in seinem Land, deren Kompositionen und Liszt- oder Chopin-Interpretationen allseits geschätzt werden. Nach dem Überfall auf Polen nehmen die Nationalsozialisten die Juden fest und bringen sie ins Warschauer Ghetto, von wo aus bald regelmäßig die Abtransporte zu den Konzentrationslagern stattfinden. Władeks gesamte Familie wird nach Treblinka deportiert. Ihm selbst gelingt die Flucht aus dem Ghetto und er taucht bei Widerstandskämpfern unter. Doch die Kämpfe in Warschau werden heftiger und die Wohnung, in der sich Władek versteckt hält, ist nicht mehr sicher; er muss erneut fliehen. Nach einer langen Odyssee findet er ein Versteck auf dem Dachboden eines bombardierten Hauses. Er taucht lange dort unter, hat Hunger und Durst, ist am Ende seiner Kräfte – und wird Warschaus berühmtester Robinson Crusoe. Die Deutschen patrouillieren durch die Straßen, manchmal sind sie so nah, dass er ihre Stimmen hören kann. Sie durchkämmen alles und brüllen auf ihrer Suche nach Juden und Widerstandskämpfern. Eines Tages wird Władek von einem deutschen Wehrmachtsoffizier entdeckt. Wilm Hosenfeld ist bereits auffällig geworden, weil er seine Soldaten gegen den Willen seiner Vorgesetzten angewiesen hat, sich bei der Befragung von Gefangenen an die Genfer Konvention zu halten. Kaltes Entsetzen hat ihn gepackt, als ihm klar wurde, was das NS-Regime, dem er dient und in das er als junger Mann alle Hoffnung gesetzt hatte, mit den Juden vorhat. Und er liebt Musik. Als er erfährt, dass Władek Pianist ist, zeigt er auf den verstaubten Flügel. Władek kann kaum sprechen und schleppt sich mühsam hin, so entkräftet ist er. Aber dann fliegen seine Finger über die Tasten und Chopins Musik erklingt in den Trümmern des großen Hauses. Dieser spielende jüdische Pianist wird zum Symbol der Verheerungen der Nazi-Barbarei: ein Virtuose als zerlumptes Wrack mit eingefallenem Gesicht und langem filzigem Haar. Als Hosenfeld ihm begegnet, erfasst er das ganze Ausmaß des Verbrechens, dessen er sich mitschuldig gemacht hat, gegen die Schönheit, gegen die Menschlichkeit. Die Rote Armee steht vor den Toren Warschaus, bald werden die Deutschen den Krieg verlieren. Władek muss höchstens noch ein paar Wochen durchhalten, dann kann er seinen Dachboden verlassen. Statt ihn festzunehmen, lässt Hosenfeld ihn in seinem Versteck und bringt ihm regelmäßig Brot, Marmelade und Wurst. Er schenkt ihm sogar seinen Offiziersmantel, um sich vor der Kälte zu schützen. Als die Russen Warschau befreien, werden die Deutschen gefangen genommen und Władek kann endlich aus seinem Versteck; er findet sich auf der Straße wieder, inmitten von Trümmern, sprachlos. Er hat vergessen, dass er den Wehrmachtsmantel umhat, und wird um ein Haar von polnischen Aufständischen erschlagen, doch glücklicherweise erkennen sie ihn unter dem Mantel des Feindes als einen Landsmann wieder. Das berichtet Władek in seiner Autobiografie mit dem Titel *Der Tod einer Stadt*, die 1946 in Warschau erschien (auf Deutsch *Das wunderbare Überleben,* 1998) und 2002 von Roman Polanski filmisch adaptiert wurde (*Der Pianist*): Ohne diese Begegnung wäre er verhungert oder erfroren. Obwohl der Pole und der Deutsche keine Zeit hatten, sich wirklich kennenzulernen, ihre jeweilige Andersheit »bis in alle Winkel zu erkunden«, fand eine echte Begegnung statt. Dem Pianisten hat sie das Leben gerettet, aber nicht nur, beide haben in der Kürze der Zeit etwas sehr Starkes geteilt. Es gibt Umstände, in denen das Leben sich verdichtet, ballt, beschleunigt. Nach dem Krieg bekam Władek seine feste Stelle beim Polnischen Rundfunk wieder, aber niemand aus seiner Familie hatte die Deportationen überlebt, und er machte sich auf die Suche nach seinem Retter. Viele Jahre später erfuhr er nur, dass er 1952 in einem sowjetischen Gefangenenlager umgekommen war. Am 25. November 2008, fast sechzig Jahre nach seinem Tod, wurde der Wehrmacht-Hauptmann Wilm Hosenfeld postum durch Yad Vashem als »Gerechter unter den Völkern« anerkannt.

»RESILIENZHELFER«

Eine Begegnung kann uns das Leben auch unter weniger außergewöhnlichen Umständen, ohne heroische Tat retten. Das kann ein Arzt sein, der unsere Krankheit rechtzeitig diagnostiziert, eine Therapeutin, die als »Verbündete« eine erlösende Wirkung hat, oder eine Person aus unserem näheren Umfeld, die – Boris Cyrulnik nennt sie »Resilienzhelfer« – durch die Fürsorge, Achtsamkeit und Liebe, die sie uns entgegenbringt, uns helfen kann, nach einer Katastrophe wieder auf die Beine zu kommen.

Als Boris Cyrulnik das Konzept der *Resilienz* der amerikanischen Entwicklungspsychologin Emmy Werner entdeckte, konnte er die verschiedenen Beobachtungen aus der eigenen praktischen Arbeit als Psychiater, die alle in dieselbe Richtung wiesen, unter einen Begriff zusammenfassen: Manche Menschen, die »einen großen Zusammenbruch« erlebt haben und durch diesen Schock hätten niedergeschmettert, gebrochen sein müssen, sind fähig, ohne dass man genau versteht warum, unverhoffte Ressourcen in sich zu mobilisieren und sich normal weiterzuentwickeln. Auch wenn das Trauma kolossal ist, der Bruch irreparabel scheint – Deportation der Eltern, als das Kind noch sehr jung ist, wie im Fall von Boris Cyrulnik; Szenen von Gewalt und Barbarei wie bei den Massenmorden in Ruanda; soziales Elend, das das Kind fast zum Tier herabwürdigt; Ermordung eines Elternteils vor den Augen des Kindes u. a. –, schaffen sie es, wieder ins Leben zurückzufinden, ein neues Leben zu beginnen. Obwohl die Resilienz immer noch Rätsel aufgibt, konnten inzwischen zahlreiche begünstigende Faktoren identifiziert werden: ein gutes »frühes Gerüst« der resilienten Person (die Fürsorge und die Liebe, die sie in den ersten Monaten ihres Lebens, vor dem Trauma, bekommen hat); die Entwicklung von Schutzmechanismen (Träumerei, Leugnung, Abspaltung usw.), die sich später möglicherweise als problematisch erweisen, aber die Härte des Schocks abfedern; die Fähigkeit, eine Erzählung des Traumas für sich zu finden, die aushaltbar ist; die Entdeckung von Tätigkeiten, die es erlauben, sich über Umwege der Vergangenheit zu stellen oder deren Brutalität zu sublimieren (Schreiben, Musik, Theater usw.), sowie vor allem die Begegnung mit einem »Resilienzhelfer« oder einer »Resilienzhelferin«. Diese Begegnung sehen sowohl Emmy Werner als auch Boris Cyrulnik als den wichtigsten Faktor an: Nicht nur, dass er oftmals die anderen Faktoren bedingt, es kann sogar sein, dass keines der anderen Faktoren gegeben ist und dann die Begegnung mit einem solchen Helfer allein genügt, um einen Menschen vor dem Zusammenbruch zu bewahren, der ihn ereilt hätte. A priori kann sich jeder und jede als Helfer oder Helferin erweisen: ein Verwandter, eine Erzieherin, ein Psychologe, eine Lehrerin, ein Patenonkel oder eine Patentante. Egal wer, Hauptsache, dieser Mensch besitzt diese scheinbar einfachen, aber in Wirklichkeit seltenen Fähigkeiten: nicht zu urteilen, den Anderen nicht auf seine Vergangenheit festzunageln, in ihm nicht nur das Opfer zu sehen, sondern das Vielversprechende, sich Zeit für ihn zu nehmen, wohl wissend, dass der Weg lang und voller Rückschläge sein wird, an ihn zu glauben, ohne allzu fordernd zu sein, keine Eile zu haben und keinen Druck auszuüben, einfach da zu sein, aufmerksam, liebevoll, auch herumalbern zu können, über Gott und die Welt zu reden, kurzum, Wohlwollen zu zeigen, jene Form der Liebe, die dem großen amerikanischen Psychologen Carl Rogers zufolge aus der »bedingungslosen Akzeptanz« des Anderen entspringt. So keimt die Hoffnung auf ein kleines Wunder: dass der Andere sich von seinem »Sosein« als Waise befreit fühlt, von seinem »Schicksal« als Überlebender eines Massakers, von seinem Status als »Opfer« von Familiengewalt, und sich selbst das Recht auf ein normales Leben zugesteht. Schritt für Schritt kehrt seine Lebensfreude durch konkrete Unternehmungen (Kegeln, Tennisspielen, Vorlesen, Kinobesuche usw.) zurück – nichts Besonderes eigentlich, aber wer wieder Geschmack daran findet oder überhaupt seinen Sinn dafür entdeckt, für den ist es etwas ganz Besonderes. Dank des Helfers, dank seines Vertrauens, dank des Interesses, das er für praxisbezogene Dinge oder Wissensgebiete zu wecken weiß, gewinnt der Traumatisierte allmählich Selbstvertrauen, Vertrauen in die Zukunft, Vertrauen in das Leben an sich und wird resilient.

In seiner Autobiografie *Rette dich, das Leben ruft!* erzählt Boris Cyrulnik von seiner Begegnung mit dem Mann, der sein Resilienzhelfer wurde. 1942, als Fünfjähriger, wird Boris von seinen Eltern den Besitzern einer Pension anvertraut, um der Deportation zu entkommen, von der sie selbst nicht zurückkehren werden. Einige Monate später übernimmt die Jugendfürsorge die Betreuung. 1944 wird der Sohn von Nadia und Aaron Cyrulnik gegen Geld – umgerechnet etwa 50 Euro – an die Gestapo verraten, woraufhin er zusammen mit anderen Juden in die große Synagoge von Bordeaux gebracht wird. Er kann sich auf der Toilette verstecken und wird in letzter Minute von einer Krankenschwester gerettet, indem sie ihn unter der Matratze eines Kranken in einem Transporter verbirgt. Er kommt in die Obhut eines Netzwerks von Widerstandskämpfern und landet später als Knecht namens Jean Laborde auf einem Bauernhof. Stumm, nicht mehr wissend, wer er ist, irrt er in einem seelischen Erstarrungszustand über das Gehöft, weniger verängstigt als vielmehr abwesend für sich selbst, gequält von einer »psychischen Agonie«, wie er es später formulieren wird. In den ersten zehn Jahren seines Lebens wird Boris von Heim zu Heim und von Spezialeinrichtung zu Spezialeinrichtung weitergereicht (mehr als fünfzehn sind es insgesamt): Er ist nicht fähig, Kontakte zu knüpfen, Beziehungen aufzubauen, emotionale Sicherheit zu finden, und die Scham, anders zu sein, sich unnormal zu fühlen, keine Eltern zu haben, lastet schwer auf ihm. Mit zehn Jahren kann er kaum lesen. Als er elf ist, holt ihn Dora, seine Tante mütterlicherseits, nach Bordeaux. Er ist nicht fähig, eine Lehre zu absolvieren oder die kleinste Regel zu beachten, und so steht er kurz davor, in einer Klasse für »Zurückgebliebene« und wieder in einer Spezialeinrichtung zu landen. Dora ist Berufstänzerin und eine heitere Person und möchte sich dieses kleinen verletzten Jungen annehmen und ihm ihre Lebensfreude vermitteln, doch sie prallt ab an der starren Miene eines Wesens, das die Isolierung viel zu ernst gemacht hat und dessen Erstarrungszustand sich seit Kurzem mit einer düsteren Hellsichtigkeit paart: Er weiß, wozu Menschen fähig sind … Erst die Begegnung mit Doras Partner Émile wird alles verändern.

Wie Boris Cyrulnik erzählt: »Als Dora mir Émile vorstellte, blieb er an der Tür stehen, weil das Zimmer zu klein für mehrere Stühle war. Warum war ich von Anfang an von seiner Kraft und Freundlichkeit begeistert? Heute würde ich sagen, seine Erscheinung sprach in mir an, was ich für mich erhoffte: Kraft und Freundlichkeit. Émile repräsentierte das, was ich sein wollte, wenn ich groß war. […] Nie hatte ich etwas Ähnliches empfunden, als Dora mich mit anderen Freunden bekannt gemacht hatte, dem Korsen, der so akrobatisch tanzte, oder Maurice, dem Fred Astaire vom Montmartre. Ich fand sie sympathisch und lustig und war begeistert von ihrer Tanzkunst. […] Ich mochte sie beide gern, aber ihr Weg war nicht der meine. Als Dora mir Émile vorstellte, sagte sie: ›Wir werden zusammenleben. Émile ist Wissenschaftler und spielt Rugby.‹ Ich hatte keine Ahnung, was es mit der Wissenschaft und dem Rugby auf sich hatte, war aber augenblicklich von ihm eingenommen. Dann geschah etwas Seltsames. […] ich [wurde] zu einem ausgezeichneten Schüler, als wäre es in meiner inneren Welt plötzlich hell geworden.«

Es bedurfte nur einer einzigen Begegnung – und im Kern dieser Begegnung einer Identifizierung. Émile leitet ein Forschungslabor, und wenn er den Forscherkittel ablegt, dann, um sich sein Rugby-Polohemd überzustreifen oder um den Tänzerinnenkörper seiner Geliebten in seine kräftigen Arme zu schließen. Er strahlt Lebenskraft aus, einen Elan, der ihn in gleichem Maße zur Wissenschaft, zu Dora und aufs Rugbyfeld treibt. Plötzlich will Boris so werden wie er. Dabei macht Émile gar nicht viel. Er gibt sich zufrieden mit dem, was er ist: muskulös, forschend tätig und reich an jener schlichten Heiterkeit, die er mit Dora gemein hat. Émile ist sich dessen nicht bewusst, aber er hat ein Talent, fast eine Gabe: Wenn seine Augen auf Boris ruhen, sieht er in ihm nicht den Überlebenden des Grauens, den Waisen oder das traumatisierte Kind. Er sieht ihn als ganz normalen Heranwachsenden, mit dem er über seinen Beruf und die Technik des Gedränges spricht. Das tut dem Jungen unglaublich gut. Er albert mit ihm herum, so wie er es mit jedem Jugendlichen tun würde, dessen Sympathie er gewinnen müsste, um mit ihm unter einem Dach zu leben. Émile macht das nicht mit Bedacht so, seine Art, sich zu geben, ist nicht wohlüberlegt, doch wenn er spricht, schwant Boris, dass das Leben zu erfinden wäre und nicht der Tod, dem er entgangen ist. Durch die Berührung mit ihm entdeckt Boris seinen Wissensdurst und die unbändige Lust, seinen Rückstand aufzuholen. Die Begegnung mit diesem Resilienzhelfer zeigt innerhalb weniger Wochen ihre ungeheure Wirkung: Boris fasst den Entschluss, ein zweiter Émile zu werden. Auch er wird Rugby spielen. Er ist übrigens ziemlich groß für sein Alter, aus seiner Zeit als Bauernknecht auch recht kräftig, so scheint sein Körper gut darauf zugeschnitten. Und er wird Psychiater, um die Nacht zu erhellen, die er durchschreiten musste, und ein Wissenschaftler wie Émile.

Cyrulnik schreibt dazu: »Das Tempo dieser geistigen Metamorphose versetzt mich noch heute in Erstaunen. [...] Mein geistiges Leben kam zum Stillstand, als meine

Mutter allein dastand, nachdem mein Vater in die französische Armee eingetreten war und sie eine unmittelbar bevorstehende Festnahme befürchten musste. Für mich folgten dann einige Jahre der Verfolgung, der Todesnähe und der sensorischen Isolierung. Die fortwährenden seelischen Verletzungen, das Verbot, die Wohnung zu verlassen und zur Schule zu gehen, das Gefühl, ein Monstrum zu sein – all das machte jede Entwicklung unmöglich. Ich habe nicht darunter gelitten, weil ich mich in einem seelischen Erstarrungszustand befand. Man empfindet nichts, wenn man sich in ›psychischer Agonie‹ befindet [...]. [...] Das Leben brauchte mir nur einen emotionalen Ersatz zu liefern, eine schöne Tänzerin und einen athletischen Wissenschaftler, und schon kehrte das Leben wie der Odem des Glücks in mich zurück.«

Nach Émile werden noch weitere Begegnungen folgen, die Boris' Lebenslust anfachen und Nahrung geben: Schulkameraden, Bücher von Émile Zola, Charles Dickens und Sigmund Freud oder auch die Arbeiten des Insektenforschers Jean-Henri Fabre, die ihn fesseln – immerhin hat er einen Großteil seiner Kindheit in Verstecken zubringen müssen, ausgestreckt am Boden und mit den Ameisen als einzigen Freunden. Doch erst die Begegnung mit Émile hat die anderen möglich gemacht. Erst durch die Berührung mit ihm hat er seine Beziehungsfähigkeit wiedererlangt. Auch seine Tante Dora ist zur Resilienzhelferin geworden, aber erst nachdem die Begegnung mit Émile ihn auf die Schienen eines neuen

Lebens gesetzt hat. Wenn man weiß, wie hoch das Selbstmordrisiko bei Jugendlichen mit traumatischen Erlebnissen in der Kindheit ist, dann liegt die Vermutung nahe, dass die Begegnung mit Émile Boris Cyrulnik tatsächlich das Leben gerettet hat.

»Jede Begegnung verändert uns, aber solche Begegnungen finden nicht zufällig statt. Dem Gipser, der mir sagte, nur Mädchen und Schwule würden studieren, bin ich nicht begegnet, ich habe ihn lediglich getroffen. Er hat mich verblüfft, aber nicht überzeugt. Es war keine Begegnung, weil sie meinen Weg nicht veränderte. Sie hat mich nicht geprägt«, schreibt Boris Cyrulnik in *Rette dich, das Leben ruft!*. Die Begegnung mit Émile hat ihn von seinem Pfad des Leidens und Schweigens, vielleicht auch des Todes abgebracht. Sie hat ihm ihren Stempel aufgedrückt, denn sie hat ihn mit dem Leben versöhnt und so konnte er, wie Émile, zu einem wohlwollenden Forscher werden.

Dabei hat Émile nichts Außergewöhnliches oder Heldenhaftes getan. Er hat ganz normal gehandelt. Er hat sein Leben nicht für Boris aufs Spiel gesetzt. Er war kein Übermensch, sondern ganz und gar menschlich, und hat einem gebrochenen Jugendlichen den Sinn für Verbundenheit, ohne die kein Mensch sich entwickeln kann, wiederzugeben gewusst. Durch seine Verständnisinnigkeit mit ihm, sein fröhliches Wohlwollen, schlicht als Vorbild hat er in Boris Cyrulnik Wünsche geweckt, die letztlich ganz gewöhnlich waren: gut zu sein in der Schule, Spaß mit Klassenkameraden zu haben, Rugby zu spielen … Auch wenn sich schöne Eigenschaften wie zuhören können oder einfach da sein damit verbanden, so war doch Émiles Vorbild, ein ganz gewöhnlicher Mensch zu sein. Dennoch waren die Auswirkungen dieser Begegnung – und genau darin liegt die unfassbare Kraft von Begegnung – *außergewöhnlich*. Ein Leben startet neu, ein Mensch wird aus seiner Asche wiedergeboren und glaubt wieder an das Glück.

*

Verwirrung, Neugier, Anerkennung und der Wunsch loszulegen sind die ersten Anzeichen einer *jetzt stattfindenden* Begegnung. Die Erfahrung der Andersheit, Veränderung, Verantwortung und Wohlsein sind Anzeichen einer andauernden und wirksamen Begegnung. Letztere können wir nicht einfach dem Zufall zuschreiben. Schauen wir nun also, was wir ins Werk setzen können, um unsere Begegnungen zu begünstigen und zu erleichtern, und wie wir den Zufall zu unserem Verbündeten machen.

TEIL 2

DIE BEDINGUNGEN VON BEGEGNUNG

DIE EIGENEN VIER WÄNDE VERLASSEN

EINE PHILOSOPHIE DES HANDELNS

Im Kern der Begegnung bietet sich der Zufall bisweilen als Schicksal dar, doch das kann über seine wahre Natur nicht hinwegtäuschen, für die in der Philosophie der Begriff »Kontingenz« verwendet wird. Kontingenz ist *das, was ist, aber auch hätte nicht sein können,* und steht der Idee der Notwendigkeit oder Determiniertheit gegenüber: *das, was ist und nicht hätte nicht sein können.* Ich habe dich im Yogakurs oder auf einem Konzert kennengelernt, ich hätte dich aber genauso gut nicht kennenlernen können. Ich hätte mich zu einem anderen Kurs anmelden oder das einzige Mal, als du zur Stunde gekommen bist, verhindert sein können. Ich hätte auch nicht zu dem Konzert gehen und mich damit begnügen können, das Album zu Hause anzuhören, aber dann hätten wir in der Pause, angelehnt an die Bar, dieses Gespräch nicht angefangen. Kurzum, unsere Begegnung hätte auch nicht stattfinden können. Indem ich das behaupte, stelle ich mich auf die Seite der

Philosophen der Kontingenz, zu denen Epikur oder Jean-Paul Sartre zählen, und gegen die Philosophen der Notwendigkeit wie Mark Aurel oder Spinoza. Letztere gehen davon aus, dass alles einer höheren Notwendigkeit unterworfen ist (bei Mark Aurel ist es die kosmische Ordnung, bei Spinoza Gott). Wenn ein Schicksal unsere Schritte lenkt, dann haben wir auch nicht die Möglichkeit, Begegnungen durch unser Handeln zu begünstigen.

Epikur zufolge kann ich, im Gegenteil, erst dadurch, dass ich das ganze Ausmaß der Kontingenz des Zufalls erfasse, den glücklichen Zufall würdigen, dich getroffen zu haben; unsere Geschichte hätte auch nie beginnen können … Das verleiht fürwahr unserem ersten Kuss eine zusätzliche Würze, unserer beginnenden Freundschaft eine größere Tiefe, unserer beruflichen Partnerschaft eine andere Dimension.

Die Wirklichkeit und unsere Begegnungen auf der Basis dieses Kontingenzbegriffs zu denken, ist eine gute Methode, um das Leben zu genießen, seinen Wert und Preis zu begreifen und aus dem Staunen angesichts der Überraschungen, die das Leben für uns bereithält, ja angesichts der schlichten Tatsache, dass es da ist, nicht mehr herauszukommen. Ohne die zufällige Begegnung unserer Erde mit einem Kometen vor vier Milliarden Jahren, ohne diesen höchst unwahrscheinlichen Sternenunfall, der die Erde fruchtbar machte, indem er das Wasser brachte, das Leben erst ermöglicht, hätte sie sich nicht entwickeln können und wir wären nicht da, um davon zu sprechen.

Handeln bedeutet, die Kontingenz herauszufordern, dem Zufall die Stirn zu bieten. Wenn die Wirklichkeit nicht kontingent, sondern notwendig wäre, wenn alles, was geschieht, *nicht nicht sein könnte*, dann wäre es schwierig, eine Philosophie des Handelns aufrechtzuerhalten. Doch in einer kontingenten Welt wird Handeln zu einer entscheidenden Triebfeder. Indem ich mich in Bewegung setze, bewirke ich Veränderungen, deren Folgen ich zwar nicht genau abwägen kann, die aber die Kausalitätskette beeinflussen werden; Handeln gestaltet die Welt um, mischt die Karten neu.

Aristoteles hat eine Philosophie des Handelns entwickelt, eben weil unsere Welt – die »sublunare Welt«, die unter dem Mond befindlich ist und dem Kosmos als der notwendigen Welt und Stätte der ewigen Wahrheit gegenübersteht – ihm zufolge durch Kontingenz geprägt ist. Diese Kontingenz eröffnet einen Raum für unsere Freiheit und verlangt von uns die Gabe, die günstigen Gelegenheiten – *Kairoi* – zu ergreifen, um zu handeln. Übrigens ist Aristoteles einer der ersten Verfechter der Demokratie gewesen: An die Demokratie zu glauben, heißt, an ein gemeinsames Handeln zu glauben, durch das die Dinge verändert werden können.

In einer kontingenten Welt hat unsere Einsamkeit, unsere Unfähigkeit, den anderen zu begegnen, nichts mit Schicksal zu tun: Ihr Sein hat keinen Daseinsgrund. Wir brauchen nur die eigenen vier Wände zu verlassen, um den Zufall herauszufordern und vielleicht alles zu ändern, ähnlich einem Wurf im Würfelspiel unserer Beziehungen zu den anderen, unserer Liebes- und Freundschaftsgeschichten, unserer Arbeitsbeziehungen. Der Aberglaube verleitet uns zu der Vorstellung von Glück als einer objektiven, von unserem Willen oder Handeln unabhängigen Gegebenheit; dabei gerät in Vergessenheit, dass das Glück herausgefordert wird.

Jemandem zu begegnen, bedeutet, *aus sich herauszugehen* – sich von der eigenen Position als selbstzentriertes Subjekt loszureißen, um sich für die Perspektive des Anderen zu öffnen. Um aus uns herausgehen zu können, müssen wir allerdings erst einmal unsere eigenen vier Wände verlassen und *hinausgehen*.

In seinem Buch *Éloge de la chance* unterscheidet der Psychologieprofessor Philippe Gabilliet zwischen den außerordentlichen Glücksfällen als reinen Zufallsprodukten und den »provozierten Chancen« beziehungsweise dem »Chancenmodus«, der »regelmäßigen, wiederholten, ja sich wiederholenden Bewegung, die bewirkt, dass manche Männer und Frauen – mehr als die anderen – günstige Ereignisse im Laufe ihres Lebens zu sammeln und aneinanderzureihen scheinen«. Im Unterschied zum Glück, das uns lächelt, gibt es für die wiederholte Chance keine statistische Erklärung; daher müssen wir den Grund in unserem Verhalten suchen, darin, wie wir mit den anderen und mit der Welt interagieren. Sie wird durch eine Haltung der Verbindlichkeit und Empfänglichkeit herbeigeführt, durch eine bestimmte Art, durchs Leben zu gehen, mit weit geöffneten Augen, die empfänglich sind für alle Signale, die uns die Welt sendet, verbunden mit der Gabe, wie Gabilliet schreibt, »jenes Rohmaterial, wie es der Zufall ist, so zu verwerten, dass daraus jenes veredelte Produkt entsteht, das man gemeinhin eine *günstige Gelegenheit* nennt«. »Den Wagemutigen lächelt das Glück«, behauptete einst Vergil. Dieses Glück schlägt nicht zufällig zu, verteilt seine Gunst nicht willkürlich; es erkennt seine Kinder, all diejenigen, die sich leidenschaftlich einlassen, die sich bemühen, neue Wege in der Wirklichkeit zu eröffnen, und sich nicht damit zufriedengeben, auf den Spuren derer zu wandeln, die vor ihnen da waren.

Um das Glück herauszufordern, müssen wir zuerst mit den Gewohnheiten brechen, die uns einschläfern. Wer Tag für Tag die immer gleichen Gänge immer zur selben Zeit macht, ohne für sich selbst und für die Welt anwesend zu sein, den versetzt das nicht in denselben Zustand der Bereitschaft wie ein neuer Ausflug, der den Geist anregt und das Herz höherschlagen lässt. Um das Glück herauszufordern, reicht manchmal schon ein kleiner Seitenschritt, eine winzige Abweichung vom Gewohnten. Zwingen uns die Lebensumstände dazu, das Haus zu verlassen, dann vermögen sie uns kaum in einen Zustand der Bereitschaft zu versetzen, der für Begegnung günstig ist. Wenn wir jeden Morgen denselben Weg zur Arbeit gehen, jeden Samstag dieselben Regale im Supermarkt ablaufen, können wir zwar schöne Begegnungen machen, aber wir sind viel unaufmerksamer und weniger offen für eine sich bietende Gelegenheit als beispielsweise dann, wenn wir auf ein Konzert einer unserer Lieblingsbands gehen oder uns in die Schlange vor dem Signiertisch eines Autors einreihen, dem wir uns nah fühlen. Oder wenn wir zu unserem Tango- oder Dōjō-Kurs gehen – wo uns die anspruchsvolle Praxis dieser Kampfkunst ermöglicht, unser chaotisches Leben ein bisschen besser in den Griff zu bekommen –, dann steigt unsere Bereitschaft, uns der Welt zu öffnen, unserer Neugier Nahrung zu geben; unsere Interessengebiete machen uns offen für andere, während die Routine uns einsperrt. Selbst wenn der Tango- oder Kampfsportkurs zur Gewohnheit geworden ist, dann handelt es sich dabei weit mehr um ein Ritual, das uns Struktur gibt, an dem wir unsere Fortschritte messen können, und insofern hält es uns auch wach. Handeln wir aber reflexartig, wie auf Autopilot, besteht die Gefahr, dass wir die Frau oder den Mann, der vor uns aufgetaucht ist, nicht einmal bemerken; dadurch wird der Raum, den wir für eine potenzielle Begegnung bereithalten, sehr eng.

Andererseits sollten wir unsere Unternehmungen auch nicht auf das alleinige Ziel einer Begegnung ausrichten. Die Motivation ist eine ganz andere, wenn ich mich für einen Tangokurs anmelde, *um jemanden kennenzulernen*, oder weil ich diesen Tanz toll finde, mich verbessern möchte und vielleicht bei dieser Gelegenheit jemanden kennenlernen kann. Im ersten Fall kann die allzu zielorientierte Vorgehensweise sich als kontraproduktiv erweisen, denn weil so viel auf dem Spiel steht, werden die Erwartungen zur Belastung und ist die Enttäuschung groß, wenn sie sich nicht erfüllen. Im zweiten Fall ist die Begegnung, wenn sie stattfindet, eine Zugabe, eine Gnade, wie eine Blume, die im Nährboden unseres Handelns, unserer Leidenschaften, unserer Offenheit und Neugier erblüht. Warum sich unter Druck setzen, wenn uns ein befreundetes Ehepaar zu einem Abendessen einlädt, um uns zu »verkuppeln«? Egal, ob es eine gelungene Zusammenkunft wird oder nicht, sie kann sich als sehr lehrreich erweisen … Und diese Unternehmung wird vielleicht dazu führen, dass ich jemand anderem über den Weg laufe.

Als Kinder des westlichen Voluntarismus, die in der Ideologie des »Wer will, der kann« geschult wurden, laufen wir Gefahr, viele Gelegenheiten zu verpassen, besonders dann, wenn sie nicht beabsichtigt sind und sich uns umso spontaner bieten. Viele Paare, die sich über eine Dating-Plattform oder -App gefunden haben, sind der Beweis dafür: Sie waren nicht auf eine ernsthafte Beziehung aus, auf die große Begegnung ihres Lebens, sondern suchten einfach jemanden, mit dem sie unverbindlich Spaß haben konnten, oder eine Ablenkung vom langweiligen Binge-Watching zu Hause … Das Leben hat anders entschieden: Ihre Begegnung hat stattgefunden und Jahre später sind sie noch zusammen. Sie fanden etwas anderes als das, wonach sie gesucht hatten, und sind glücklich darüber. Paradoxerweise ist das so passiert, weil sie nicht auf der Suche nach einem Partner oder einer Partnerin waren; es gab keinen Erwartungsdruck, kein Entgegenfiebern, das ihre ersten Treffen belastet hätte.

Ohne zu handeln, wäre eine solche *Serendipität* – eine Entdeckung oder Erfindung, die zufällig oder infolge eines Fehlers oder Irrtums erfolgt – nicht möglich gewesen. Diese Männer und Frauen haben ihre vier Wände nicht verlassen, um womöglich die Liebe zu finden, aber sie sind hinausgegangen und sind ihr begegnet.

In ihrem Buch *Warum Liebe endet* nimmt die Soziologin Eva Illouz die Dating-Plattformen und -Apps ziemlich streng in den Blick und sieht darin eine »Vermarktung der Liebe«, die ihr Ende bedeuten könnte: Wer seinen Partner, seine Partnerin auf einer Website aussucht – wie wir das bei Konsumgütern tun –, nimmt dem Anderen das Geheimnisvolle, das den Kern jeder Liebesbeziehung ausmacht. Eine solche Vorgehensweise mag vielleicht nicht der beste Weg hin zum Anderen und zur Entdeckung seiner Einzigartigkeit und Vielschichtigkeit sein, sie hat aber zumindest den Vorteil, uns aus unserem Schneckenhaus zu locken. Und möglicherweise erledigt das Leben den Rest … Man mag die konsumhafte, bisweilen zwanghafte Nutzung dieser Websites eher als schlechten Auftakt beurteilen, aber das ist immer noch besser, als gar nichts zu unternehmen. Außerdem hat es das Leben an sich, uns unvorbereitet zu treffen, und nur selten verläuft es in geraden Bahnen. Wir sind in der Lage, die Richtung zu ändern, uns wiederaufzurichten, umzukehren; was nur ein kurzes Techtelmechtel ohne Folgen sein sollte, kann sich als eine schöne Begegnung entpuppen. Dann hat auch die Vorstellung vom »schlechten Auftakt« nicht mehr viel Sinn: Wichtig ist, den Anstoß dafür zu geben, sich zu bewegen, und sich in Bewegung zu setzen.

Tatsache ist, dass die Dating-Plattformen und -Apps im Alltag vieler Singles einen festen Platz haben; hierbei handelt es sich sogar um eine Grundströmung unserer Gesellschaften, die unser Verhältnis zum Anderen und unser Verständnis von Verführung und Liebesbegegnung verändert. Dabei dürfte es kaum einen Unterschied machen, ob wir unsere Hoffnungen auf eine schöne Begegnung einem Algorithmus anvertrauen oder dem Zufall überlassen. Obwohl diese Portale den Eindruck erwecken, ein »Supermarkt der verfügbaren Singles« zu sein, weit entfernt von der romantischen und romanhaften Vorstellung der Liebeswahl, sollten wir nicht vergessen, dass das nur Plattformen sind, also Werkzeuge, die uns zur Verfügung gestellt werden. Sie sind, was sie sind, mit allen Vor- und Nachteilen, wichtig ist, was wir daraus machen. Wer zu Hause herumsitzt und sich auf Meetic, Tinder oder Bumble anmeldet, macht schon einen ersten Schritt hin zum Anderen, gibt den Anstoß für Bewegung, für Veränderung in seinem Leben und sagt: Ich bin bereit, ich wage es.

Was bei dieser Vorgehensweise am Ende herauskommt, hängt von uns selbst ab und davon, wie wir die App *konsumieren* oder, im Gegenteil, wie wir uns *einbringen*. Es ist so einfach, zwei, drei Fotos von sich hochzuladen, die möglichst vorteilhaft und neutral aussehen, um dann reflexartig, mit zerstreutem Blick, gedankenlos zu *swipen* und zu *liken*. Welche Art von Begegnung dürfen wir von dieser hohlen Strategie erwarten? Umgekehrt ist die sorgfältige Aufbereitung eines Profils – die Auswahl (unretuschierter) Fotos, die uns in Szene setzen und schon ein paar Charakterzüge, ein wenig von unserer Persönlichkeit verraten oder im Gegenteil geheimnisvoll tun und Rätsel aufgeben, zusammen mit unserem Präsentationstext, der persönlich und aufrichtig daherkommt und gerade so viel offenbart, dass der andere die Gelegenheit bekommt, mehr entdecken zu wollen – das erste Zeichen dafür, was wir in die erhoffte Begegnung einbringen möchten. Und genauso, wie wir uns wünschen, dass jemand, diese eine besondere Person, die wir suchen, sich Zeit nimmt bei der Erkundung unseres Profils, sollten auch wir den anderen Aufmerksamkeit schenken, sie nicht wie bloße Waren *konsumieren*, sondern bedächtig wischen, mit derselben Feinfühligkeit, die wir jedem Menschen, dem wir von Angesicht zu Angesicht bei einem Speeddating gegenübersäßen, entgegenbringen würden; wenn wir unsere Likes sparsam und nur an die Profile vergeben, die herausragen, löst das etwas in uns aus, dann kann der Keim einer Begegnung entstehen und in den ersten Nachrichten aufscheinen, in den ersten zögerlichen, aber mit Bedacht gewählten Worten. Wir spüren sehr wohl, wenn sich etwas Wichtiges abspielt. Das Niveau der ersten gewechselten Sätze, die schlagkräftigen Erwiderungen, die Anspielungen, die der Andere aufgreift und geistreich pariert, die Antworten, die wir laut lachend lesen …

Auf diesen Dating-Plattformen und -Apps stehen zwar viele Dinge einer schönen Begegnung im Weg, möglich ist sie aber schon, und sie kann durch dieses Medium sogar begünstigt werden, wenn wir es ganz bewusst nutzen. Auch im virtuellen Raum können wir mehr Aufmerksamkeit, Menschlichkeit, Aufrichtigkeit und Offenheit zeigen.

Handeln bedeutet, sich in die Welt hinauszuwagen, ohne genau zu wissen, wie dieses Abenteuer sich gestalten wird, und ohne absehen zu können, welche Folgen die Begegnung zwischen unserem Handeln und der Welt haben wird.

Doch dieses Abenteuer verspricht Funken zu versprühen, umso mehr, als wir reich sind an Innenleben und in der Verborgenheit unserer Häuser und Zimmer den Garten unserer Innerlichkeit zu pflegen gewusst haben. Wenn wir uns in praktischem Tun üben, uns für einen Kampfsport begeistern, für einen Tanz, eine bestimmte Musikrichtung oder einen Autor, wenn wir interessiert und neugierig sind, bereitet uns das in doppelter Hinsicht für Begegnung vor: indem wir uns auf den potenziellen Schauplatz dafür begeben – Tanzboden, Dōjō-Raum, Café, Konzertsaal oder Atelier – und, grundlegender, indem wir uns die Gelegenheit geben, uns weiterzuentwickeln, uns zu bereichern. Dem Innenleben neue Nahrung geben und sich dann in die Welt wagen, in sich gehen und dann wieder hinausgehen, diese Haltung gleicht einem Pas de deux und begünstigt Begegnungen weit mehr als die hartnäckige Bemühung, mit anderen in Kontakt zu kommen.

Wir haben, mit Hegel, die Notwendigkeit der Begegnung mit anderen für die Entstehung von Selbstbewusstsein aufgezeigt, und dass wir uns durch die Berührung mit ihnen verändern. Hegels berühmte Dialektik hat uns geholfen zu begreifen, dass eine Idee des Widerspruchs bedarf, um in ihrer Unterschiedlichkeit vollends offenbar zu werden, dass ein Individuum die Erfahrung des Andersseins machen muss, um seine Einzigartigkeit zu erfassen. Aber wir konnten nicht ermessen, inwieweit ein solches dialektisches Denken eine Philosophie des Handelns impliziert, das Hegel als Mittel der Veräußerlichung der Innerlichkeit definiert.

Wenn wir handeln, begeben wir uns in die Außenwelt. Dabei wenden wir uns nicht von unserer Innerlichkeit ab, sondern streben im Gegenteil danach, ihr gegenständliches Dasein zu verleihen. Das Hinausbegeben ermöglicht, das sich in uns Anbahnende wirksam werden zu lassen, Anerkennung für die Dinge zu bekommen, die uns wichtig sind: Gefühle, die uns durchfluten, Vorlieben, die uns beseelen, Werte, die uns tragen … Wie sollen wir diese Anerkennung bekommen, ohne jemandem zu begegnen? Wie sollen wir dem Anderen begegnen, wenn wir uns nicht hinausbegeben? Unmöglich. Bei Hegel muss sogar der »absolute Geist« seine Heimstatt verlassen und aktiv werden, um zu wissen, dass er Gott ist. In dem subjektiven Gefühl, das er von seinem Wert hat, ist Gott »bei sich«, aber das reicht ihm nicht. Für den Gott Hegels gilt wie für uns Menschen: Allein das Anderssein erlaubt uns zu wissen, welchen Wert wir haben, wer wir wirklich sind.

Früher oder später müssen wir also hinausgehen. Dieses Hinausgehen kann in einem ersten Schritt auch metaphorisch verstanden werden im Sinne von »aus sich herausgehen«. Hinausgehen ist vor allem ein Aus-sich-Herausgehen: Wir lassen den beruhigenden Alltag hinter uns, verlassen die Komfortzone, setzen uns in Bewegung, um Dinge zu bewegen. Die Lockdowns, die wir in letzter Zeit durchmachen mussten, haben uns gezwungen, unsere Beziehungen neu zu denken. Wir mussten erfinderisch sein, damit die Verbindung nicht abbricht, und die neuen digitalen Technologien sind uns in diesem besonderen Zusammenhang nützliche Werkzeuge gewesen. Wie schon bei den Dating-Apps deutlich wurde, ist es durchaus möglich, aus sich herauszugehen, ohne hinauszugehen. Mitunter ist ein etappenweises Vorgehen notwendig. Der Entschluss, zu handeln; an sich zu arbeiten, sodass eine innere Bereitschaft für Begegnung entsteht; sich zu zwingen, die eigenen Gewohnheiten zu ändern; sich für die Idee zu öffnen, dass »alles möglich ist« – all das ist schon ein Hinaus- und Aus-sich-Herausgehen. Dann ist eine Begegnung, wenn der Moment gekommen ist, wirklich möglich.

Nach ihrem Werdegang und ihren Erfolgen befragt, erwähnen so manche Schauspielerinnen und Schauspieler, Filmemacherinnen und Filmemacher, Sängerinnen und Sänger, aber auch Unternehmerinnen und Unternehmer entscheidende Begegnungen. So, wie sie davon sprechen, egal über welche, könnte man meinen, sie seien »vom Himmel gefallen«, gleich einer wundersamen Frucht vom Baum des Zufalls. In einem Anfall von mehr oder weniger aufrichtiger Bescheidenheit behaupten sie zuweilen, dass sie dieser einen Begegnung alles verdanken. Dabei vergessen sie zu präzisieren, dass sic sie nicht selten provoziert haben, und vor allem, dass sie erst durch eine andere Begegnung – davor – mit ihrer Kunst, einer praktischen Tätigkeit oder ihrer Leidenschaft ermöglicht wurde. Die Schauspielerin hatte vielleicht das Glück, auf einen Filmregisseur zu treffen, der ihr eine maßgeschneiderte Rolle angeboten hat, doch davor, als Jugendliche, da träumte sie allein in ihrem Zimmer vom Kino, verschlang einen Film nach dem anderen und war auch in einem Theaterkurs. Bis zu dem Tag, an dem sie hinausgegangen ist zu ihrem ersten Casting … Wenn Jahre später und nach mehreren Nebenrollen die entscheidende Begegnung stattfindet, dann in Wirklichkeit deshalb, weil ihr die vielen Jahre des Entdeckens, des Erkundens und der Arbeit, die ihrer Leidenschaft Nahrung gaben, den Weg geebnet haben.

»Ich habe die Augen so fest geschlossen, habe so fest geträumt, dass ich es am Ende geschafft habe«, singt France Gall in *Viens, je t'emmène*. Die Augen schließen, phantasieren, durch die weiten Ebenen unseres Innersten streifen – und es am Ende schaffen, einem Menschen zu begegnen und in unsere Welt mitzunehmen. Auf diese Weise wird das Stattfinden von Begegnung vorbereitet. Sie setzt zwar voraus, dass wir zur Tat schreiten, uns real einbringen, doch erarbeitet wird sie zunächst in unseren Träumen, in der Phantasie, in der Neugier, in all diesen Filmen, die vor unserem inneren Auge ablaufen. Viel zu oft stellen wir das Handeln und das Träumen einander gegenüber. Wir stempeln unsere Tagträume als Fluchtversuche, Ablenkungsmanöver und Zustände ab, die uns von der Wirklichkeit entfernen. Aber eigentlich bereichern uns all diese Träumereien und gedanklichen Projektionen, sie beseelen uns, machen uns neugierig und lebendig; wir müssen ihnen lauschen, um uns kennenzulernen, um unsere Sehnsüchte, Hoffnungen und Erwartungen an andere zu entdecken. Diese Momente, in denen wir die Augen »fest geschlossen haben«, bereichern unser Innerstes, und diesen Reichtum haben wir den anderen zu bieten. Begegnungen werden oft in der Einsamkeit vorbereitet.

DAVID BOWIE BEGEGNET LOU REED

David Bowie hatte sehr schöne Begegnungen, die der Ausgangspunkt mehrerer Alben waren, die Rockmusikgeschichte geschrieben haben, dazu zählen das Meisterwerk *Transformer* von Lou Reed oder *The Idiot* und *Lust for Life* von Iggy Pop mit dem Kultsong *The Passenger*. Keine dieser Begegnungen war allein dem Zufall geschuldet. Beim Lesen der Biografien des Rockstars mit den verschiedenfarbigen Augen wird klar, dass jede von ihnen vorbereitet wurde, zum Teil viele Jahre zuvor: durch eine stete Neugier für Musik und künstlerische Ausdrucksformen (Film, Zirkus, Pantomime usw.), durch ein ganzes Leben auf der Lauer nach neuen Sounds und Experimenten aller Art.

Als Bowie Lou Reed im Restaurant des legendären New Yorker Nachtclubs Max's Kansas City trifft, ist er gerade in der Stadt gelandet, um sein Album *Hunky Dory* aufzunehmen. Er ist 24 Jahre alt und schon sehr erfolgreich und Zeit ein seltenes Gut. Lou Reed steht ganz anders da. Er ist fast dreißig und hat eigentlich mit der Musik abgeschlossen. Verschiedene Misserfolge haben ihm arg zugesetzt, er wohnt wieder bei seinen Eltern und arbeitet als Müllmann an den Stränden von Long Island. Das Abendessen hat der Manager von RCA eingefädelt, mit dem Bowie gerade einen großen Vertrag abgeschlossen hat. Bowie ist angezogen wie ein Dandy, Lou Reed steckt in unförmigen Klamotten und zeigt sich wenig gesprächig. Aber der Funken springt sofort über. Das ist nur zu verstehen, wenn man fünf Jahre zurückblickt.

Bowie ist 19 und will von seinem Manager wissen, was jenseits des Atlantiks in der Musikszene los ist. Als dieser von seiner USA-Reise zurückkehrt, überreicht er ihm eine Schallplatte oder besser gesagt eine Probeaufnahme (das Album kommt ein Jahr später heraus), auf der die überaus begehrte Signatur von Andy Warhol neben dem Namen der Band prangt: The Velvet Underground & Nico. Lou Reed ist der Sänger. In einem Interview mit dem *New York Magazine* erinnert sich Bowie später, dass diese Musik »einer der größten ästhetischen Schocks meines Lebens« war – »die reine Freude«. »Alles, was ich für Rockmusik empfand, ohne es zu wissen, offenbarte sich mir auf einer Schallplatte, die noch nicht erschienen war«, erklärte er. Nächtelang lauscht er der Stimme von Lou Reed, die *Pale Blue Eyes* und *Sweet Jane* singt, auf diesem radikalen, wegweisenden Album, einer musikalischen Glanzleistung, die pure Originalität mit einer seltsamen Vertrautheit verbindet und in Bowie etwas zum Klingen bringt. Diese Musik hat er in sich und will er erschaffen. Der Song *I'm Waiting for the Man* haut ihn um. Er wird ihn kurze Zeit später auf einem Konzert als Zugabe nachspielen, obwohl das Album von Velvet Underground noch gar nicht auf dem Markt ist!

Dieses Beispiel einer Begegnung ist natürlich sehr speziell: Bowie hat sich auf die Begegnung mit Lou Reed vorbereitet, indem er sich mit dessen Musik engstens vertraut machte. Es birgt aber auch eine universelle Wahrheit in sich: Schöne Begegnungen werden im Vorfeld erarbeitet. Bowie hat nie aufgehört, zu entdecken und zu lernen; er war neugierig auf alles und hat gearbeitet wie ein Besessener. Kaum dass er dieses Schlüsselalbum der Punkbewegung entdeckt hat, nimmt er es auseinander, analysiert die Harmonien und Arrangements, verinnerlicht er dessen seltsame, wilde Kraft. Ein Tätigkeitsfeld vertiefen, die Sinne schärfen, die Sensibilität schulen – auf all diese Weisen wird Innerlichkeit geweitet und Raum für Begegnung mit dem Anderen geschaffen. Egal ob wir lesen, Musik hören, Fiktions- oder Dokumentarfilme schauen, meditieren, beten oder unseren Körper durch ritualisierte Praktiken trainieren, Hauptsache, wir finden etwas, das uns bewegt, in uns widerhallt, unser Innenleben wachruft. Arbeiten wir an unserer Innerlichkeit. Gehen wir aus dem Haus. Für eine mögliche Begegnung sind dann alle Sensoren eingeschaltet und stehen alle Kontrolllampen auf Grün. Eine geschärfte, für die Bereicherung durch das potenziell Mögliche offene Sensibilität zieht jene Sensibilität wie ein Magnet an, mit der sie in eine Resonanzbeziehung treten wird.

Als Bowie hört, was Lou Reed über Musik zu sagen hat, und diese besondere Färbung in der Stimme desjenigen wiedererkennt, der *I'm Waiting for the Man* oder *All Tomorrow's Parties* auf dem Album von Velvet Underground sang, schwebt ihm sofort ein Plattenprojekt vor: die überaus düsteren Kompositionen von Lou Reed, eingebettet in eigene Arrangements, mit dem gewissen Glam-Rock-Touch, der ihn berühmt gemacht hat. Kurzum, ein Lou-Reed-Album, produziert von Bowie: *ihr* Album. *Transformer* wird ein Riesenerfolg. Da ist die düstere Seite des Velvet-Underground-Sängers, aber getragen von dem Piano des Gitarristen und Bowie-Arrangeurs Mick Ronson, und das Ganze überhöht durch die erhabene Orchestrierung und künstlerische Leitung David Bowies. In *Satellite of Love* ist übrigens Bowies Stimme aus den hohen Stimmen der Schlusschöre herauszuhören. In der Ballade *Walk on the Wild Side* sorgt Bowies Saxophonlehrer mit seinem Instrument für den jazzigen Touch. In *Perfect Day*, der als einer der besten Songs aller Zeiten gilt und den Lou Reed komponiert hat, verbindet sich dessen raue, berührende, müde Stimme voller Menschlichkeit mit einer herrlichen Melodie auf dem Piano und den Geigenarrangements von Ronson und Bowie als Krönung.

Als Lou Reed den Anruf vom RCA-Manager erhält, will er die Einladung zum Abendessen erst nicht annehmen. Er ist müde und deprimiert; fast wäre er zu Hause geblieben. Wenn er sich nicht aufgerafft und aus seiner Couch geschält hätte, dann wäre *Transformer* wohl nie entstanden. Denken wir daran, wenn wir uns, wieder einmal, lieber zurückziehen möchten und die Verlockung groß ist, das Abenteuer auf morgen zu verschieben.

Einige Jahre vor dem Abendessen war Bowie auf einem Velvet-Underground-Konzert. Dort geschah etwas Unwahrscheinliches, Unglaubliches, wie der Erfinder von *Ziggy Stardust* 2004 in einem Interview mit dem amerikanischen Männermagazin *Esquire* selbst berichtete. Nach dem Konzert ging Bowie hinter die Bühne und verlangte nach Lou Reed. Doch der hatte die Band frustriert von Erfolglosigkeit einige Tage zuvor verlassen und war durch den Sänger Doug Yule ersetzt worden. Bowie war also auf dem Konzert und hat nicht bemerkt, dass ein anderer Sänger auf der Bühne stand! Der Mann, den er angesprochen hatte, öffnete die Tür zur Garderobe und stellte ihm Doug Yule spaßeshalber als Lou Reed vor. Bowie wechselte ein paar Worte über Rockmusik und die Kunst der Komposition mit ihm, ohne die Täuschung zu bemerken. Selbst der große David Bowie, der das berühmte Album von Velvet Underground rauf und runter gehört hatte, merkte auf einem Konzert nicht, dass der Sänger ein anderer war! Dass er diese Anekdote mit so viel Bescheidenheit und Humor erzählen konnte, sagt viel über ihn aus. Hinausgehen bedeutet auch, gegen Überraschungen nicht gefeit zu sein, Fehlschläge zu riskieren. Bevor wir handeln, können wir nicht wissen, was unser Handeln in der Welt ausrichten wird. Trotzdem müssen wir loslegen; das macht die ganze Schönheit des Risikos aus und ist das Salz der Existenz. Und es ist die Essenz einer Philosophie des Handelns. Eine solche Erfahrung des Fehlschlags, des Scheiterns, gehört übrigens auch zur »Vorbereitung« auf die echte Begegnung. Findet sie schließlich statt, wird sie um den ganzen zurückgelegten Weg bereichert sein.

Unsere Epoche ermutigt uns viel zu wenig zum Handeln. Wie sollen wir es wagen, dem Unvorhergesehenen entgegenzugehen, uns voller Vertrauen ins Unbekannte zu stürzen, wenn alles unter den Vorzeichen der Vorausschau, der Antizipation und der Risikominimierung steht? Eine Management-Vision der Existenz hat die Oberhand über die Vorstellungen des Lebens als Abenteuer gewonnen. Nehmen wir als Beispiel das GPS, das mehr tut, als uns nur zu leiten; es antizipiert sogar unsere Ankunftszeit, die permanent aktualisiert wird. Unsere Route ist nicht mehr der Weg, eine Reise, sondern ein bis zum Endpunkt durchgetimter Ablaufplan. Eine App, ein Algorithmus sagt uns, was wir an jeder Kreuzung tun müssen, sogar im Urlaub, weit weg von zu Hause. Statt zu reisen, bewegen wir uns vorwärts. Für Streifzüge, Improvisation, den offenen Blick für die Landschaften, die sich uns darbieten, ist kein Raum mehr; wir lassen das GPS *unser Handeln anleiten* und gehorchen ihm blind. Es hemmt unser Reaktionsvermögen, unser Gehör für unsere Intuition und unsere Spontaneität, die allesamt kennzeichnend sind für echtes Handeln. Ob GPS, Exceltabelle, Doodle, elektronischer Kalender oder Algorithmus von Dating-Plattformen oder sozialen Medien, diese Werkzeuge, die wir verwenden, sind nicht neutral. Sie transportieren eine Weltanschauung, der zufolge alles antizipiert, rationalisiert und maximiert werden kann und soll. Doch das wirkliche, wesentliche Leben gründet gerade auf all den Dingen, die sich der Antizipation entziehen.

Wirklich loslegen bedeutet, sich aufzumachen, ohne wirklich vorbereitet zu sein. Alles vorhersehen zu wollen, lässt uns die Wahrheit selbst des Handelns vergessen. Handeln lässt sich nicht auf die Konsequenz einer vorangegangenen Überlegung reduzieren, es ist auch und vor allem ein Augenblick, eine Öffnung, ein Sprung ins Unbekannte mit einem Wert an sich. In der Handlung wird etwas erschaffen, erfunden, das nicht gedacht und noch weniger geplant war.

»ICH GEHE LOS – UND SEHE«

Mir kommt ein Satz wieder in den Sinn, den ich zu meinen Kindern gesagt habe, als sie noch klein waren, wenn sie Angst hatten, auf einen Geburtstag zu gehen, wo sie fast niemanden kannten, oder sich nicht trauten, einen Erwachsenen anzusprechen. Es war eine Art Leitmotiv, sehr einfach, und funktionierte recht gut, mit dem ich versucht hatte, den ganzen Komplex des Verhältnisses zur Existenz, zu den anderen und zum Handeln auf eine Formel zu bringen: »*J'y vais-je vois*« – »Ich gehe los – und sehe«. Du bist ängstlich, weil du nicht weißt, was dich dort erwartet, und du bist geneigt, nicht hinzugehen, weil diese Ungewissheit dir Angst macht? Geh hin und du wirst schon sehen, wage es und lass dir die Gelegenheit nicht entgehen. Aber mach dir auch keine Illusionen, indem du dir sagst, dass alles gut gehen wird; es kann auch sein, dass es keine glückliche Erfahrung wird. Doch was soll's. Auch das Schlimmste gehört in den Bereich des Möglichen. Aber geh los. Und sehe.

»Geh los«: Komm in die Gänge, beweg dich, verlasse deine vier Wände.

»Sehe«: Lerne dadurch, von einer zielorientierten Haltung loszukommen, werde zum Beobachter und sei offen für das, was sich dir zeigt – oder auch nicht.

Wie ich feststellen konnte, hatte diese Idee des Sehens für meine Kinder eine befreiende Wirkung durch den Anflug von Fatalismus, der darin steckt – »wir werden ja sehen« – und der die freiwillige Verpflichtung, die notwendig ist, um sich in Bewegung zu setzen, ein bisschen leichter macht. Auch die Möglichkeit des Scheiterns anzuerkennen, hatte für sie eine befreiende Wirkung, denn die unterschwellige Lüge, die mit einem Leugnen, einem Negieren des Risikos verbunden ist, hätten sie sehr wohl gespürt – »hab keine Angst, es wird alles gut gehen«. Dieses Mantra »Ich gehe los – und sehe« war eine Einladung, die zwei Voraussetzungen, die gegeben sein müssen, damit ein Ereignis eintritt, eine Begegnung stattfindet, zu verbinden: hinauszugehen und gleichzeitig bereit zu sein, anzunehmen, was sich zeigt, egal ob es gut ist oder schlecht. Losgehen, allerdings nicht so sehr zielgerichtet, sondern offenen Geistes, weniger *konzentriert* auf das Ziel als *aufmerksam* für alles Übrige. Wenn ich hinausgehe, den Kopf ganz vernebelt von einem Ziel, kann ich dieses Ziel natürlich erreichen, aber es besteht auch die Gefahr, dass ich es verfehle und alle guten Gelegenheiten, die mir die Wirklichkeit zu bieten hatte, unbeachtet gelassen habe. Öffne ich aber alle Türen und Fenster meines Geistes und achte sorgfältig auf das Hier und Jetzt ebenso wie auf mein primäres Ziel, dann erweist sich das Feld des Möglichen als riesengroß.

Zum Handeln als erste Bedingung von Begegnung kommt also noch eine zweite hinzu: Bereitschaft. Als ich am Anfang dieses Kapitels schrieb, dass wir uns hinausbegeben sollten, ohne der Routine zu verfallen, ohne uns durch die Gewohnheit einschläfern zu lassen, mit einer Haltung der Aufmerksamkeit und Empfänglichkeit, war damit schon die Bereitschaft angesprochen. Jetzt gilt es, noch einen Schritt weiter zu gehen, um zu begreifen, welche Art von Gegenwärtigkeit sie von uns verlangt.

Das Handeln lenkt uns in die Zukunft, projiziert uns auf morgen. Die Bereitschaft ist eine Kunst der Gegenwart.

OHNE KONKRETE ERWARTUNGEN

LOB DER BEREITSCHAFT

Nicht *um den anderen zu begegnen*, sollten wir uns hinausbegeben, sondern um uns *in Bereitschaft für Begegnung zu versetzen.*

Allzu konkrete Erwartungen bergen die Gefahr, dass wir die Begegnung mit einer Person, die unseren Kriterien nicht entspricht, verpassen, obwohl wir etwas Schönes mit ihr hätten erleben können.

Wir haben Erwartungen – wir können uns nicht von allen Wünschen frei machen. Diese Erwartungen setzen eine Bewegung in Gang. Fungieren sie aber als Motor, können sie auch zu Scheuklappen werden, die uns daran hindern, das ganze Spektrum der Möglichkeiten und Gelegenheiten zu sehen, aus denen das Fleisch des Wirklichen besteht. Es ist gewissermaßen so, je weniger konkret unsere Erwartungen sind, desto weiter öffnen sie unseren Gesichtskreis und das Feld unserer Welt-

und Menschenbeziehung. Wir müssen sie manchmal sogar ganz aufgeben, um uns für etwas anderes zu öffnen – »alles verändern«, *changer tout*, wie die Fußballer auf Französisch sagen, wenn sie einen Flankenwechsel vornehmen, sprich ihren Angriff auf die andere Seite verlagern.

Ein enger Freund von mir, geschieden und Vater von drei Kindern im Jugendalter, der schon mehrere Jahre alleinstehend war und sich nach einer Liebesbeziehung sehnte, behauptete, genau zu wissen, was er wollte: eine Frau mit einem oder zwei Kindern (am besten nur eins, er hatte ja selbst schon drei) im Alter seiner eigenen, damit sie sich problemlos verstanden, und ohne weiteren Kinderwunsch. Die Phase der Babys, Windeln und schlaflosen Nächte läge hinter ihm und er habe keine Lust mehr darauf, erklärte er mir. Er fing an, darüber zu klagen, die Traumfrau nicht zu finden, bis er plötzlich bei einem Abendessen bei Freunden jemanden kennenlernte. Diese Frau entsprach so gar nicht seinen Kriterien. Sie hatte keine Kinder und wollte welche – mehrere sogar! Und da sie auf die vierzig zuging, musste es schnell gehen. A priori war es genau das, was er vermeiden wollte, genau die Aussicht, die ihn ängstigte: vier oder fünf Kinder mit einem großen Altersunterschied, ein oder zwei im jungen Alter mit allen Verpflichtungen und Einschränkungen, die das mit sich brachte. Das »Problem« war nur, dass diese Frau ihm wahnsinnig gut gefiel und dass das auf Gegenseitigkeit beruhte. Sie sind heute sehr glücklich, haben zwei Kinder bekommen und er hat die schlaflosen Nächte wiederentdeckt. Seine eigenen drei älteren Kinder hätten sich mit den zwei der vermeintlichen Idealfrau nicht vertragen können, aber das Gegenteil ist der Fall, sie lieben ihre zwei Halbbrüder über alles und streiten sich darum, wer sich um sie kümmern darf. Dieser Freund, über dessen Unflexibilität ich mich oft lustig gemacht habe, mit seinem Hang, allzu genau zu wissen, was er wollte, und nicht aufzugeben, solange er sein Ziel nicht erreicht hatte, war also fähig gewesen, »alles zu verändern«, einen heilsamen Abstand zu seiner ursprünglichen Erwartung zu gewinnen, um anzunehmen, was sich ihm dargeboten hat – sich zu öffnen für das, was ihm das Leben angeboten hat und was er nicht erwartete. Nicht an seiner Idee festzuhalten, war die Bedingung seines Glücks. Bereitschaft ist genau diese Fähigkeit zu sehen, was sich uns darbietet und nicht unserer Erwartung entspricht; sie ist das Vermögen, das *Unerwartete*, Überraschende anzunehmen.

ÜBERRASCHENDES ANNEHMEN

Wir können uns hinsichtlich dessen, was uns glücklich macht, irren. Mein Freund hat eine Frau getroffen, die dem Bild, das er sich gemacht hatte, nicht entsprach, aber er hat sein Glück gefunden. Er hatte vergessen, dass eine

Begegnung tatsächlich das Vermögen hat, unsere Erwartungen, unsere Wünsche, ja sogar unsere Vorstellungen von den Dingen und vom Leben umzukrempeln. Das ist eine schöne Einladung zur Bereitschaft: Zu wissen, dass wir uns hinsichtlich unserer Erwartungen irren können, kann überzeugend sein, um uns für das zu öffnen, was wir nicht erwarten.

Wer sich unflexibel zeigt und nur in Erwägung zieht, was den eigenen präzisen Wünschen entspricht, macht einen doppelten Fehler. Erstens einen strategischen: Wir lassen uns höchstwahrscheinlich so manche Gelegenheit entgehen. Zweitens einen psychologischen: Vielleicht irren wir uns hinsichtlich unserer Wünsche, aber verschließen die Tür für die Begegnung mit jenem Anderen, der es uns ermöglicht hätte, uns darüber im Klaren zu werden.

Tatsächlich entdecken wir oft erst im Handeln, durch den Kontakt mit anderen einen neuen Wunsch. Diese Vorstellung widerspricht der Idee, die insbesondere der Psychoanalytiker und Philosoph Jacques Lacan entwickelt hat, wonach unser Begehren schon immer da ist, in unserem Innersten, und dass es in unserem Unbewussten, in unserer Familiengeschichte wurzelt. Dieser Theorie zufolge ist das Begehren immer vor der Begegnung da: Wir gehen auf die anderen zu, um ein Verlangen zu befriedigen, das dem Tun vorausgeht und dieses determiniert. Im Gegensatz dazu erklärt Jean-Paul Sartre in *Das Sein und das Nichts*, dass ein solches Verlangen nicht notwendigerweise vor der Begegnung da ist; es kann aus ihr heraus entstehen. Die Lebenserfahrung scheint ihm recht zu geben. Man denke zum Beispiel an jene Männer oder Frauen, die partout keine Kinder haben wollten, bis sie der oder dem Richtigen begegneten; oder an jene, die wie Schmetterlinge von Blume zu Blume gaukeln, bis sie sich verlieben und die Freuden der Verbindlichkeit und Verpflichtung entdecken.

»Mein dritter Grundsatz war, immer zu versuchen, [...] eher meine Wünsche zu ändern als die Ordnung der Welt«, fasste dies Descartes in einer Formel mit stoischen Anklängen zusammen. Dem Verfasser des *Entwurfs der Methode* ging es nicht darum, neue Wünsche an sich zu entdecken, sondern eher darum, auf unerfüllbare Wünsche zu verzichten, uns aufzufordern, bescheiden zu sein und hinzunehmen, was wir nicht ändern können. »Die Ordnung der Welt ändern, um sie meinen Wünschen anzupassen«, ist im Kern die Antwort des vermessenen Menschen, der unfähig ist, Grenzen zu akzeptieren, und sich in Allmachtsphantasien ergeht.

Wer eine Philosophie der Bereitschaft vertritt, befindet sich auf einer Gratwanderung zwischen resigniertem Hinnehmen und Allmachtwahn, von denen er sich möglichst fernhält. Wer die Ordnung der Dinge für unverrückbar hält, geht nicht mehr aus dem Haus. Wer in der Überzeugung handelt, seine Wünsche der Welt aufzwingen zu können, irrt nicht minder; er unterschätzt den

Widerstand der Wirklichkeit und vergisst, dass er sich im Hinblick auf die eigenen Wünsche irren kann.

Gehen wir hinaus. Handeln wir in der Welt. Nicht in der verrückten Hoffnung, unseren Willen der Wirklichkeit zu oktroyieren, sondern um auszuprobieren. »Ich gehe los – und sehe«. Ich entdecke, was möglich ist; ich werde mir darüber im Klaren, was ich wirklich wünsche.

Wenn wir, wie es manchmal der Fall ist, unsere eigenen Wünsche nicht kennen, warum geben wir dann Kriterien an, wenn wir uns auf einer Dating-Plattform anmelden? Ist es falsch, das zu tun? Ja, wenn wir uns auf diese Kriterien versteifen und es uns nicht gelingt, jemandem eine Chance zu geben, der anders ist. Nein, wenn wir zwar Kriterien angeben, uns dann aber für etwas anderes öffnen können. Auch hier ist, was ein »schlechter Auftakt« sein könnte, vor allem ein Ausgangspunkt: Eröffnen wir den Ball, mit oder ohne Kriterien – der Lauf des Lebens kümmert sich um das Übrige. Außerdem sollten wir unsere Vorlieben möglichst weit fassen, damit sie mehr Raum für Überraschung bieten. Auf diese Weise bleibt uns vielleicht die Enttäuschung erspart – Ironie der furchterregenden Effizienz der Algorithmen –, auf einen Ex-Mann oder eine Ex-Frau zu stoßen!

»Ayez l'amour sans le hasard!« – »Liebe ohne Zufall!« versprach vor ein paar Jahren ein Werbeslogan der Singlebörse Meetic. Ein erstaunliches Programm – und allemal trügerisch. Um der Liebe zu begegnen, soll-

ten wir besser mit dem Zufall rechnen, mit ihm spielen, ihn herausfordern, ihn zu unserem Verbündeten machen, statt zu versuchen, ihn abzuwenden. Alle großen Liebesgeschichten, die uns die Literatur erzählt, zeigen auf, was unsere Erfahrung bestätigt: Einem Menschen zu begegnen, sich zu verlieben, hat etwas Überraschendes. Den Zufall durch eine Logik der Vorhersage, der methodischen Kriteriensuche ausschalten zu wollen, stellt ganz gewiss nicht den besten Weg hin zur Begegnung dar.

Statt ihn auszuschalten, sollten wir den Zufall umarmen und mit ihm spielen. Die schlauen Algorithmen der Dating-Apps können wir durchkreuzen, wenn unsere Kriterien vage und allgemein bleiben, wenn wir unsere Tür nicht verschließen. Dann kann sich der Zufall in den Freiräumen entfalten, die die programmierten Voraussagen nicht erfassen. Unser Flanieren auf den Apps bekommt eine andere Dimension. Offen und neugierig entdecken wir alle möglichen Profile. In diesem kontinuierlichen und quasi endlosen Defilee von Personen kommen wir auf den Geschmack, dass mal dies, mal das unsere Aufmerksamkeit auf sich zieht: ein Blick, ein Lächeln, eine originelle Frisur, ein bestimmter Bildausschnitt, eine Inszenierung, die eine kreative Persönlichkeit verrät, ein ungewöhnlicher Style – ebenso viele Einzelheiten, die uns auffallen, ergreifen, ob wir die Person nun *liken* oder nicht, und die uns vorbereiten auf eine gewisse Achtsamkeit für den Anderen, auf einen aufmerksameren und offeneren Blick für Details, die den

Reiz ausmachen. Eigentlich können diese Apps ein gutes Übungsfeld sein, um uns für den Anderen zu öffnen und uns vom Zufall leiten und überraschen zu lassen. Sie wecken die Lust am Flanieren und Schauen, daran, auf die Leute zu achten, deren Weg wir kreuzen, ebenso wie auf die kleinen Dinge, die uns etwas über sie verraten oder die wir reizend finden und uns ein Lächeln entlocken. Und wer weiß, wenn wir unseren Blick sich auf die anderen lenken lassen, kreuzen wir vielleicht am Ende doch noch jemanden und es geschieht etwas – oder auch nicht. Aber allein das kann schon den Tag verschönern und uns in gute Laune versetzen.

André Breton hat die Epoche des Digitalen und Virtuellen nicht gekannt, trotzdem dürfte folgendes Zitat aus *L'Amour fou* auch für Dating-Apps gelten: »Heute noch setze ich alle meine Erwartungen einzig in meine Ungebundenheit, in diesen Drang, mich treiben zu lassen, *um allem zu begegnen*, ein Drang, von dem ich überzeugt bin, daß er eine geheimnisvolle Gemeinschaft zwischen mir und den anderen ungebundenen Menschen herstellt, als wären wir berufen, uns plötzlich zu vereinigen. Ich möchte, daß von meinem Leben kein Laut bleibt als nur das Lied eines Spähers, der sich die Erwartung durch Singen verkürzt. Unabhängig von dem, was eintrifft, oder nicht eintrifft, ist es wunderbar, in der Erwartung zu leben.«

Die Erwartung und ihre süßen Träumereien, ihr Spiel mit dem Zufall, den sie herausfordern möchte, und das physische oder virtuelle Flanieren, das sich damit verbindet … Dating-Apps können eine solche Erwartung, die auf die physische, reale Begegnung gerichtet ist, begünstigen. Indem wir uns vom Zufall und von unserer Neugier leiten lassen, öffnen wir uns für ein weites Feld der Möglichkeiten. Das Gute am Virtuellen ist zumindest, dass es uns aus unseren sozialen und beruflichen Kreisen herauslocken kann und Fenster einen Spaltbreit zu Menschen und Räumen öffnet, zu denen wir andernfalls niemals Zugang gehabt hätten. Das muss man ihm lassen: Es kann uns von unseren Rastern und soziokulturellen Repräsentationen wegführen, uns für andere öffnen, die wir niemals gekreuzt oder in Erwägung gezogen hätten. Ein Lächeln lässt mich *liken*, und schon bin ich, der häusliche Städter, im Gespräch mit einer Weltumseglerin, die den Großteil des Jahres auf dem Meer verbringt, einer Frau, die ich sonst niemals beachtet hätte. Aber hier, ohne etwas über sie zu wissen, völlig unvoreingenommen, lasse ich mich ein und wir entdecken Ähnlichkeiten und Gemeinsamkeiten, die wir nie für möglich gehalten hätten. Das ist nicht unrealistischer als Liebe auf den ersten Blick mitten auf der Straße, und auch nicht weniger schön. Den Zufall über unser Schicksal bestimmen zu lassen, verspricht oft die schönsten Begegnungen.

Die Überraschung bildet den Kern auch großer Freundschaftsbegegnungen. Am Anfang von Éluards Gedichtband *Les Yeux fertiles*, den er Picasso gewidmet hat, schreibt der Dichter über seinen Freund, er sei ihm

»überraschend ins Herz gedrungen«. Im Übrigen können Dichter definiert werden als Wesen mit einer absoluten Bereitschaft für das Unerwartete, einer äußersten Empfänglichkeit für das, was kommt: Worte, Gedanken, Bilder, Gefühle …

Vertiefen wir also unsere Bereitschaft, indem wir dieses poetische Verhältnis zur Existenz genießen. Wir sollten ein wenig mehr Dichter und ein wenig abenteuerlustiger sein, das Haus verlassen, *wischen* und *chatten*, glücklich darüber, nicht zu wissen, was uns erwartet. Damit wächst auch die Bereitschaft unseres Sinnes für Dichtung und Abenteuer.

AURÉLIEN BEGEGNET BÉRÉNICE

»Als Aurélien Bérénice zum erstenmal sah, fand er sie schlichtweg häßlich. Sie gefiel ihm einfach nicht. Auch wie sie gekleidet war, mochte er nicht. Ein Stoff, den er nicht gewählt hätte. Er hatte so seine Ansichten über Stoffe.« Mit diesen Worten beginnt Louis Aragons großer Liebesroman *Aurélien*. Sie lassen keinen Zweifel daran, dass Bérénice den Kriterien Auréliens in nichts entspricht; er findet sie sogar »schlichtweg häßlich«. Davon ganz zu schweigen, dass ihr ein geschmacklicher Fauxpas in der Wahl ihres Kleidungsstoffes unterlaufen ist. Aurélien hatte eben, wie Aragon ironisch schreibt, »so seine Ansichten über Stoffe«. Ihre Begegnung findet trotzdem statt. Warum? Weil Aurélien sich dem Unerwarteten zu öffnen weiß. Die Begegnung zwischen Bérénice und Aurélien ist möglich, weil die Wirklichkeit die Oberhand gewinnt über die Vorstellungen, die sie sich von ihr machen; ihre Begegnung vermag alle »Ansichten«, die Aurélien »über Stoffe«, aber auch über die Frauen, die Liebe oder die Gesellschaft hat, zunichtezumachen. Auch Bérénice hat nicht auf den gewartet, dem sie begegnen wird; in ihren Träumen hatte sie sich den Mann, in den sie sich verlieben würde, ganz anders vorgestellt. Und dennoch …

Begegnung ist auch dies: ein Zunichtemachen unserer Repräsentationen, unserer vorgefassten Meinungen zur Welt und zu den Lebewesen durch die Wirklichkeit.

Der Zustand der Bereitschaft erfordert also auch, dass wir unsere Erwartungen lockern, unsere Kriterien und Vorurteile aufweichen. Letztere verengen gleich Scheuklappen unser Blickfeld und hindern uns, in Erwägung zu ziehen, was uns glücklich machen könnte. Wir sollten uns unserer Vorbehalte entledigen, unsere Überzeugungen und Gewissheiten infrage stellen.

Der Freund, über den ich zuletzt gesprochen habe, war felsenfest davon überzeugt, dass er sein Glück in einer Patchworkfamilie mit gleichaltrigen Kindern finden würde. Er war sich sicher, kein Neugeborenes mehr zu wollen. Heute kann er nicht mehr sagen, wo diese Vorstellungen herkamen. Die Bewegung des Lebens hat sie fortgetragen wie der Fluss seinen Schlick. Wie oft verwechseln wir überstürzte Urteile, die nach einer schlechten Erfahrung auf der Außenhaut unseres Geistes deponiert werden, konformistische Gedanken und verformte Widerklänge einer gehörten Geschichte mit authentischen Überzeugungen. Diese bröckeligen Meinungen zu entlarven und darüber hinaus imstande zu sein, unsere Gewissheiten gegen Zweifel einzutauschen, darin liegt das Geheimnis unserer Bereitschaft.

Während ich diese Zeilen schreibe, kommt wie durch einen glücklichen Zufall im Radio das Chanson *Nue* von Clara Luciani: »Ich habe meinen Schmuck abgelegt | Das Schwarz um meine Augen abgeschminkt | Das Rouge von meinen Wangen gewischt | Und ich komme nackt zu dir«, singt sie da und wiederholt die beiden letzten Zeilen. Die letzten Worte haben eine interessante Doppelbedeutung: Wenn ich nackt zu dir komme, bedeutet das auch, dass ich aller Gewissheiten und aller Vorurteile, vielleicht auch aller Erwartungen entledigt auf dich zugehe.

Somit impliziert Bereitschaft eine Form des Skeptizismus im erhabenen Sinn des Wortes, wie er in der antiken Philosophie definiert wird: die Fähigkeit, »nicht zu wissen«. Wenn ich *weiß*, dass eine Frau, die sich Kinder wünscht, mich nicht glücklich machen kann, bin ich für eine mögliche Liebesgeschichte mit ihr nicht offen. Wenn ich aber skeptisch bin, also *nicht weiß*, ob diese Frau für mich gemacht ist oder nicht, muss ich auf sie zugehen.

Das Wort »skeptisch« kommt vom griechischen *skeptikós* (Betrachter) und verweist übrigens nicht so sehr auf den Begriff des Zweifels als vielmehr auf die »Zurückhaltung des Urteils«, dem eigentlichen Gedankenhorizont der ersten skeptischen Gelehrten wie Pyrrhon von Elis oder Sextus Empiricus. Ihr existenzieller Vorschlag ist radikal, hat aber eine befreiende Wirkung: Ich begreife, dass ich zu der einen oder zu der anderen Seite tendieren könnte, ich *betrachte* die Argumente und beleuchte die Widersprüche und Ungewissheiten, aber ich bleibe in Schwebe und weigere mich, dem Prinzip der »Ununterscheidbarkeit« folgend, Stellung zu beziehen: Ich *halte mein Urteil zurück*. Ich weiß nicht, was besser ist: eine Frau, die Kinder will, oder eine Frau, die keine mehr will. Indem ich mich weigere, zu entscheiden, bleibt meine Bereitschaft für die eine wie für die andere erhalten.

Ich schlage ein kleines Gedankenspiel vor. Lassen wir unsere Phantasie spielen. Wir haben äußerst konkrete Erwartungen und visualisieren ganz detailliert die Person, die wir uns wünschen: ihr Aussehen, ihre Größe, ihren Blick, ihren Beruf, ihre Reaktionen, ihre Art zu denken, zu sprechen, zu lieben … Das Schicksal lächelt uns weit über alle realistischen Erwartungen hinaus zu und setzt uns die perfekte Verkörperung unserer Träume vor (was in Wirklichkeit natürlich unmöglich ist). Können wir noch von Begegnung sprechen? Wird das völlige Fehlen eines Überraschungsmoments nicht alles tilgen, bis hin zum Gefühl, jemanden getroffen zu haben? Nun wird verständlicher, welche Resonanz der so simple Satz wie »Ich habe jemanden getroffen« hat, den wir einem Freund, einer Cousine, einem Psychoanalytiker leise anvertrauen. Er sagt eigentlich aus: »Ich bin jemandem begegnet, *der mich überrascht hat*«, der meine Erwartungen unterläuft, und das gefällt mir.

Überraschung ist das Salz der Begegnung, die Diskrepanz zwischen dem, was ich mir vorgestellt habe, und dem, was eingetreten ist. Das gilt übrigens für die Begegnung mit einem Menschen genauso wie für die Begegnung mit einem Kunstwerk.

BEGEGNUNG MIT EINEM KUNSTWERK?

Auch die Begegnung mit einem Bild, einem Film oder einem Song gleicht einem Schock, einer Überraschung. Wenn wir wie gebannt vor einem Selbstporträt von Rembrandt, einer impressionistischen Landschaft von Monet oder einem abstrakten Bild von Rothko innehalten, begegnen wir etwas anderem als dem, was wir möglicherweise antizipiert haben. Selbst wenn wir schon davon gehört haben, selbst wenn wir wissen, welcher Strömung oder Schule dieses Bild zuzuordnen ist, wird es uns nur unter der Bedingung berühren, dass es sich jeder Kategorisierung entzieht. Kunst lässt sich nicht auf unser Wissen darüber reduzieren, sie berührt uns unter der Bedingung, dass sie uns überrascht. »Das Schöne ist immer bizarr«, schrieb Baudelaire. Es liegt an uns, offen zu sein für diese Bizarrheit, auf unser Gefühl zu hören, unser Wissen beiseitezuschieben, dieses »Es ist schön, weil«. Was zählt, sind weniger die sachlichen Gründe, sondern das, was die Schönheit in uns auslöst; sie ist es, die uns aufmerken lässt, die uns in Bereitschaft versetzt, ohne Kriterien zu urteilen, auf uns selbst zu vertrauen. Das ist schön, aber nicht »weil«, sondern außerhalb und jenseits aller Vernunft. Das ist schön, weil es kein »weil« gibt. Auch hier bedeutet der Zustand vollkommener Bereitschaft, keine vorgefassten Ideen, keine genauen Kriterien, also genau genommen keine Erwartungen zu haben. Wichtig ist, dass wir uns im Angesicht eines Kunstwerks wiederfinden mit der Bereitschaft, es in seiner *Originalität* aufzunehmen. Unsere diesbezüglichen Kenntnisse und Gedanken sind kein Hindernis, wenn sie keine erschöpfende Deutungshoheit beanspruchen, wenn wir fähig bleiben, in einem Bild, einer Skulptur oder einem Film mehr wahrzunehmen als das objektive Wissen dazu. Manche Museumsführer machen das hervorragend: Sie lüften das Rätsel eines Bildes nicht, sondern geben ihm Nahrung; sie liefern uns Kontext, um die Begegnung zu begünstigen. Sie ebnen den Weg, nun liegt es an uns, ihm zu folgen, aus freien Stücken und mit wacher Sensibilität.

Das Wesentliche hängt sowieso mehr von uns selbst ab als vom jeweiligen Museumsführer. Bereitschaft ist ein Zustand, für den wir allein verantwortlich sind. Wenn es uns darum geht, zu prüfen, ob dieses eine Werk tatsächlich dem entspricht, was im Katalog oder im Kunstlexikon darüber geschrieben steht, und ob es »seines Ruhmes würdig« ist, dürfte die Wahrscheinlichkeit, dass wir uns um unseren ästhetischen Genuss bringen, ziemlich hoch sein. Wir verlassen das Museum womöglich gebildeter als zuvor, doch dem Werk sind wir nicht begegnet, und erst recht nicht dem Maler. Diese Erfahrung haben wir alle schon gemacht: Wir suchen in einem Museum nach einem bestimmten Werk, dessen Standort wir gesichtet haben. Wir sind nicht mehr weit davon entfernt, aber auf dem Weg dorthin bleiben wir plötzlich an einem anderen Bild hängen, über das wir gar nichts wissen. Und mit diesem zufällig aufgetauchten Bild findet die Begegnung statt. Gleich einem Menschen dringt das Bild uns »überraschend ins Herz«, um es mit Éluards Worten zu sagen. Seine bizarre Schönheit fesselt uns, sie ist unerklärlich, undefinierbar mit den alleinigen Mitteln der Vernunft, sie *fordert uns heraus*. Mit auf dem Museumsplan gehefteten Augen, fixiert auf unser Ziel, angeschlossen an unser mentales GPS, wäre das nicht möglich gewesen. Weil wir im Schlenderschritt unterwegs waren und der Zufall unser Verbündeter war, haben wir uns für das Auftauchen des Unerwarteten in Bereitschaft versetzt.

»Ich pfeife auf die Malerei«, schreibt Christian Bobin in *Pierre*. »Ich pfeife auf die Musik. Ich pfeife auf die Poesie. Ich pfeife auf alles, was einem Genre angehört und innerhalb dieser Zugehörigkeit langsam verkümmert.

Ich habe mehr als sechzig Jahre gebraucht, um herauszufinden, wonach ich suche: beim Schreiben, beim Lesen, beim Verlieben, beim unvermittelten Stehenbleiben vor einer Winde, einem Feuerstein oder einem Sonnenuntergang. Ich suche das plötzliche Auftauchen einer Gegenwart, den Überschuss an Gegebenem, das alle Definitionen alt aussehen lässt.«

Dieser Mensch, in den in mich verliebt habe, dieser Sonnenuntergang, der mich beim Verlassen des Waldes überraschte, dieses Bild, das ich beim zufälligen Vorbeischlendern entdeckt habe – alle sind in ihrer »Gegenwart« aufgetaucht, einer Gegenwart, die alle Definitionen unhaltbar, hinfällig macht. Was interessiert mich die Definition des Impressionismus, wenn mich das Licht in diesem Bild von Monet betört? Was interessiert mich die Spektralphysik im Angesicht dieses Sonnenuntergangs? Was interessieren mich die Definitionen von Liebe und Freundschaft, wenn ich dich gerade kennengelernt habe, dich, so einmalig, so einzigartig, dass es mir den Atem verschlägt? »Das plötzliche Auftauchen einer Gegenwart, der Überschuss an Gegebenem lässt alle Definitionen alt aussehen« – was für eine schöne Art, über Begegnung zu sprechen! Je mehr Erwartungen wir haben und je mehr wir auf die Zukunft fixiert sind, desto größer die Gefahr, dass wir das »plötzliche Auftauchen einer Gegenwart« nicht gewahren. Umgekehrt gilt, je unkonkreter unsere Erwartungen, desto aufmerksamer sind wir für den jetzigen Augenblick und das, was er uns zu bieten hat. Ohne

Aufmerksamkeit für die Gegenwart gibt es keine echte Bereitschaft.

AUFMERKSAMKEIT VERSUS KONZENTRATION

Ich erinnere mich an meinen Philosophielehrer an jenem Herbstmorgen des Jahres 1990. Ich beobachte durchs Fenster die nassen Blätter der Kastanie, ihr fast fluoreszierendes Grün, das der Regen noch satter macht. Er redet und ich höre zu. Er redet und ich wende den Blick zu ihm. Ich nehme ihn übrigens mehr mit den Ohren als mit den Augen wahr. »Stimmen sind Schätze, die uns die Leute schenken, sogar die Geizigen«, schreibt Christian Bobin. Indem er mir seinen Schatz anvertraut, seine tiefe und zugleich singende Raucherstimme, lädt mein Lehrer mich ein, gegenwärtig zu sein. In der Qualität dieses Augenblicks fügt sich etwas zusammen und nimmt Gestalt an. Ich höre ihn über Hegels Verständnis von der Liebe sprechen, ohne im eigentlichen Sinn *konzentriert* zu sein; jedenfalls unternehme ich keinerlei Anstrengung in diese Richtung. Aber ich bin zutiefst interessiert an dem, was er sagt und wie er es sagt, wie im Übrigen auch am Schauspiel der Regentropfen, die gegen das Fenster picken, und an meinen Klassenkameradinnen und -kameraden – denen, die es offenbar spannend finden, und den anderen, die sich anscheinend langweilen ... Ich bin ganz und gar gegenwärtig. Das ist keine fokussierte, zielgerichtete Aufmerksamkeit, sondern eine weite, offene Aufmerksamkeit, ein allgemeiner Wachzustand: der Ausdruck wahrer Bereitschaft. An jenem Morgen, als ich meinem Lehrer zuhöre, erwarte ich nichts Besonderes und bin eben deswegen zu einer solchen Aufmerksamkeit in der Gegenwart fähig. Ich weiß nicht, dass ich später denselben Beruf ausüben werde wie er, ich erwarte nicht, dass mir der Kurs eine gute Abiturnote beschert, noch, dass er mich über die Wahrheit der Liebe aufklärt. Frei von jeder Erwartung, öffne ich mich für das, was kommt: Ich befinde mich im Zustand vollkommener Bereitschaft.

Mit dem Abstand von dreißig Jahren betrachtet, glaube ich sagen zu können, dass meine Berufung genau in diesem Augenblick an jenem Herbstmorgen im Lycée Jean-de-La-Fontaine aufkeimte. Ich empfing eine Gegenwart, von der ich nichts weiter verlangte, als einfach da zu sein, und genau darum hat sie mir eine Zukunft eröffnet. Seit jenem Morgen lese ich jeden Tag philosophische Texte und hole mir in schwierigen Momenten Rat bei Platon und Hegel. Diese Disziplin ist zu meinem Beruf geworden. Im Zustand vollkommener Bereitschaft schenkt uns die Gegenwart manchmal eine Zukunft.

Die Zeit vergeht anders, wenn wir aufmerksam sind. Es ist nicht mehr die Zeit der Uhren. Mal steht sie auf »Pause«, wie in Schwebemomenten reinen Staunens, mal beschleunigt sie sich, wie in Phasen freudiger Erregung. Wie oft meinen wir, wenn wir mit einem Freund sprechen, dass erst zehn Minuten vergangen sind, obwohl wir schon eine Stunde zusammensitzen. In einem solchen Maße gegenwärtig zu sein, dass wir die Zeit aufhalten oder beschleunigen können und voll auskosten, bedeutet mit anderen Worten, dass wir die Uhren-Zeit verlassen und uns in die »Dauer« versetzen, wie Henri Bergson die »subjektiv erlebte Zeit« nennt.

Begegnung erfordert diese Bereitschaft: sich Zeit zu nehmen, auch Zeit zu verlieren, dem Diktat der zu erledigenden Dinge und dem Druck des Eiligen nicht nachzugeben. Dauerhafte Freundschaften werden zumeist in der Jugend geschlossen. Bei Erwachsenen, die im aktiven Leben stehen und familiäre Verpflichtungen haben, ist die Bereitschaft geringer. Wir haben keine Zeit mehr zu »verlieren«. Aber mit dir erweise ich mich als großzügig: Indem ich mit dir über Gott und die Welt rede, flaniere, bummele, gönne ich mir die Zeit, dir zu begegnen. Wir haben es heute immer eiliger, jemanden kennenzulernen, obwohl wir uns gerade dann Zeit lassen müssten. Zeit ist zu einem Wert geworden. Wir überfüllen unsere Terminkalender, um den Eindruck zu erwecken, ein erfülltes Leben zu haben und gesellschaftlich wie beruflich erfolgreich zu sein; immer voll ausgelastet zu sein, ist zum äußeren Zeichen von Reichtum geworden. Wer Zeit hat, gilt als Nichtstuer, Faulpelz und manchmal sogar als Looser. Das führt dazu, dass wir letztlich sogar die Möglichkeit zur Bereitschaft zerstören. Wie sollen wir aufmerksam für die Gegenwart sein, wenn alle »Zeitfenster« dieser Gegenwart schon Wochen vorher ausgebucht sind? Wie soll ich dir begegnen, wenn ich keinen freien Termin in meinem Kalender habe?

Die Pensionierung bietet häufig die Gelegenheit, ein neues Verhältnis zur Zeit zu entwickeln, das dem von Jugendlichen ähnelt und somit für Begegnung günstiger ist. Daher auch die wachsende Zahl schöner Liebesbeziehungen, die im Renten- und Greisenalter eingegangen werden. Aber müssen wir so lange warten? Es sollte doch in jeder Altersstufe möglich sein, wieder Herr über die Zeit zu werden.

> Die Uhr ist nicht mehr da, auch der
>   Kirchturm nicht
> Die Bäume auf dem Platz haben sich
>   schlafen gelegt
> Ich fahre mit dem Nachtzug heim
> Auf dem Bahnsteig sehe ich sie
> Die mich anlächelt
>
> CHRISTOPHE, LES MOTS BLEUS

»Il n'y a plus d'horloge, plus de clocher« – »Die Uhr ist nicht mehr da, auch der Kirchturm nicht«, singt Christophe. Manche Begegnungen fühlen sich an wie ein zeitloser Augenblick: Die Uhr, die uns tyrannisierte, ist verschwunden, und mit ihr auch der Kirchturm, auf dem sie prangte. Endlich sind wir im Hier und Jetzt angekommen, gegenwärtig. Wir erhaschen ein Lächeln, das uns

vielleicht entgangen wäre, ein Flattern in den Augen unseres Gegenübers, das einen Anflug von Scham verrät, und sogar die lichtdurchflutete Lücke im Gewitterhimmel. Die Begegnung mit anderen und mit der Welt wird möglich. *»J'aime le silence immobile | d'une rencontre«* – »Ich liebe die reglose Stille | einer Begegnung«, singt Christophe ein paar Liedzeilen weiter. Wir sind zu geschäftig, gehetzt, gefesselt im Getöse der Welt, um in der Lage zu sein, Platz zu schaffen für diese »reglose Stille«.

Wie ein 1999 von Daniel Simons und Christopher Chabris in den USA durchgeführtes psychologisches Experiment gezeigt hat, beeinträchtigt Konzentration unsere echte Aufmerksamkeit. Basketballspieler werfen sich den Ball zu. Die einen sind schwarz gekleidet, die anderen weiß. Die Probanden bekommen die Aufgabe, die Würfe der weiß gekleideten Spieler zu zählen, wodurch die Aufmerksamkeit fokussiert wird. Nach ein paar Minuten rennt ein Typ im Gorillaanzug über das Spielfeld und grüßt in Richtung des Publikums. Fünfzig Prozent der Teilnehmerinnen und Teilnehmer bemerken ihn nicht. Das beweist, dass wir, wenn unsere Aufmerksamkeit zu stark fokussiert ist und wir uns auf unsere Aufgabe oder ein Ziel konzentrieren, blind werden für einen Teil dessen, was sich vor unseren Augen abspielt. Fünfzig Prozent haben den Gorilla – das Unerwartete, Überraschende – nicht gesehen. Dazu befragt, gaben neunzig Prozent der Männer und Frauen an, dass sie ihn bestimmt gesehen hätten, wenn sie vor Ort gewesen wären. Das zeigt, wie fragil unsere Aufmerksamkeit ist und wie wenig wir darüber wissen. Simons und Chabris sprechen von *Inattentional Blindness* oder »Unaufmerksamkeitsblindheit«, um das Phänomen zu beschreiben, dass die Hälfte der Probanden den Gorilla nicht bemerkt hat. Angesichts eines so hohen Anteils von »Blinden« für das Unerwartete ist es erschütternd, daran zu denken, wie viele Verabredungen wir verpassen, wie viele Gelegenheiten uns entgehen, wie viele Begegnungen nicht stattfinden, einfach nur weil unsere Aufmerksamkeit zu stark fokussiert ist und der offenen Aufmerksamkeit im Weg steht.

In unserer heutigen Zeit wird unsere Aufmerksamkeit deutlich mehr beansprucht als früher. Wie sollen wir die Fähigkeit zur Bereitschaft entwickeln, wenn die Topnews, Likes und Nachrichten permanent unsere Aufmerksamkeit auf sich ziehen? Wie sollen wir, die Augen auf unser Smartphone gesenkt und scrollend, für unsere Empfindungen, für die Gegenwart der anderen, für die Wirklichkeit aufmerksam sein? Auch hier gilt, die Nutzung einer Technologie ist nicht neutral. Von so vielen Informationen bombardiert, von so vielen Anreizen geködert, finden wir uns als passiver, halb spottender und halb neidischer Voyeur am Rande der Gleichgültigkeit wieder. Der beste Geisteszustand, um jemandem zu begegnen, ist das bestimmt nicht. Wir haben es vermutlich schon alle getan: durch die Straße zu hasten, den Kopf zwischen die Schultern gezogen, die Augen auf unser Smartphone gerichtet. Dieses Bild fasst das Übel unserer Epoche zusammen. Wie viele Unbekannte werden dies auch immer bleiben, nur weil uns eine Nachricht oder eine Werbung in irgendeinem sozialen Medium abgelenkt hat? Wie sollen wir eine Bereitschaft für Begegnung entwickeln, wenn wir nicht einmal mehr um uns schauen?

Wenn Lehrkräfte die mangelnde Aufmerksamkeit ihrer Schülerinnen und Schüler als Konzentrationsdefizit bemängeln, werden zwei unterschiedliche Dinge in einen Topf geworfen. Damit reduzieren sie Aufmerksamkeit auf die fokussierte Aufmerksamkeit, die nichts anderes ist als Konzentration, und übergehen jene offene Form der Aufmerksamkeit, die Simons und Chabris *Shared Attention* nennen, »geteilte Aufmerksamkeit«, mit anderen Worten die Fähigkeit, für mehrere Dinge gleichzeitig gegenwärtig und aufmerksam zu sein, unsere Aufmerksamkeit auf andere zu richten, also zu teilen.

Der Unterricht sollte nur den Zweck haben, die Aufmerksamkeit zu üben, rät Simone Weil sinngemäß in ihrem Band *Schwerkraft und Gnade*. Während Konzentration eine persönliche Leistung ist, impliziert Aufmerksamkeit Selbstvergessenheit. »Die von jeder Beimischung ganz und gar gereinigte Aufmerksamkeit ist Gebet. [...] Man soll nicht finden wollen [...]. Dies ist die wesentliche Gnade«, sagt sie an anderer Stelle. Diese Gnade ist zwar religiöser Natur, doch was für Gott gilt, gilt auch für unseren Nächsten: Indem wir ihn erwarten, ohne ihn zu suchen, und indem wir unser platzraubendes Ego abschütteln, begegnen wir ihm wirklich.

Diese Begegnung, die über uns »hereinbricht«, ob mit Gott oder mit einem Menschen, ist eine Gnade. Simone Weil hatte nicht erwartet, eine mystische Erfahrung zu machen, die ihr Leben auf den Kopf stellen würde, aber als sie das Gedicht *Love* des englischen Dichters George Herbert las, fühlte sie die Gegenwart Christi sie durchdringen. Und so lautet ihr Resümee, das auch eine leise Kritik am penetranten Voluntarismus ist, dass wir die kostbarsten Güter nicht suchen sollten, sondern sie erwarten müssen. »Erwarten« ist hier nicht im Sinne einer konkreten Erwartung gemeint, sondern im Sinne einer vollen, offenen, geteilten, lebendigen Aufmerksamkeit. Erwartung ja, aber ohne wirklichen Gegenstand.

Ich erinnere mich an die Worte meines Philosophielehrers von vor dreißig Jahren, mit denen er uns die Liebe bei Hegel erklärte, genauso deutlich wie an die Farbe der Kastanienblätter, die ich an jenem Morgen durchs Fenster sah. Ich erinnere mich sogar an die ziemlich streberhafte Frage eines Klassenkameraden namens Séverin und an die ausgewaschene Jeans, die eine gewisse Vanessa anhatte. Diese Worte und Bilder haben sich in mein Gedächtnis eingebrannt, weil ich an jenem Herbstmorgen eben nicht voll konzentriert war, sondern mich in einem

Zustand vollkommener Bereitschaft befand, der zu gegenstandsloser Aufmerksamkeit befähigt. Weil in mir Platz für sie da war wie für alle damit verbundenen Empfindungen. Wäre ich konzentriert, willensgesteuert, zielstrebig gewesen, ich hätte ihnen keinen Raum gegeben; sie hätten sich nicht dauerhaft in mir einnisten können. Wer sich in Bereitschaft für Begegnung versetzt, schafft Raum für sie und gibt ihr Zeit.

DIE MASKE FÄLLT

DIE KRAFT DER VERLETZLICHKEIT

Seit Jahren haben wir uns immer wieder gekreuzt, aber ohne aufeinander zu achten. Wir haben gemeinsame Freunde, sind auf dasselbe Gymnasium gegangen, pflegen seit Langem gute Geschäftsbeziehungen. Und eines schönen Tages sind wir Freunde geworden. Wie ist das passiert? Was hat sich geändert und die Begegnung möglich gemacht? Das ist eines der Rätsel von Begegnung: Manchmal findet sie in einem bestimmten Moment statt, nachdem wir uns monatelang oder sogar jahrelang verpasst haben. Warum aber ausgerechnet jetzt, in diesem Moment?

Eine mögliche Erklärung dafür ist, dass einer von uns beiden – oder sogar wir beide, doch einer muss den Weg dafür frei machen – sein »bestes Gesicht« abgesetzt hat, jenes soziale Gesicht, das wie eine Visitenkarte präsentiert wird, um sich nun in einem anderen Licht zu zeigen: weniger glatt, menschlicher, aufrichtiger, verletzlicher. Mitgefühl und Teilen erweisen sich als schwierig, wenn jeder am eigenen Bild festhält und sich nicht preisgeben will. Wenn wir aber offen mit unseren Zweifeln und Ängsten umgehen und uns trauen, anderen davon zu erzählen; wenn wir aufhören, alles genau abzuwägen, und uns nicht mehr fragen, wie jedes einzelne Wort bei den anderen ankommt, dann öffnet sich ein Raum und Begegnung wird möglich.

Das Wort »Person« ist vom lateinischen *persona* entlehnt und bezeichnete ursprünglich die Maske des Schauspielers. Folgt man der Herkunft des Wortes, dann wäre eine Person nicht so sehr das einzelne Individuum, das mit einer eigenen Subjektivität ausgestattet ist, wie wir es heute begreifen, sondern jemand, der dem eigenen sozialen Bild entspricht und *seine Rolle* auf der gesellschaftlichen Bühne *gut spielt*. Doch genau das steht der Möglichkeit von Begegnung im Weg: Wenn jeder akribisch dem eigenen Drehbuch folgt und darauf bedacht ist, seine »Rolle einzuhalten«, dann gibt es keinen Platz für Überraschung oder Mitgefühl. Erst wenn die Maske fällt (die *persona*), kann die wahre Person zum Vorschein kommen. Wenn wir uns verletzlich zeigen, oder besser: wenn wir aufhören, unsere Sensibilität zu kaschieren, geben wir dem Anderen die Möglichkeit, uns zu berühren, wir werden interessant, berührend. Manchmal reicht eine Loslösung vom Sozialen, um uns an andere zu binden.

»Geliebt wirst du einzig, wo du schwach dich zeigen darfst, ohne Stärke zu provozieren«, schreibt Theodor W. Adorno in den *Minima Moralia*. In der Tat, wir können unsere Schwächen zeigen und dem Anderen die Gelegenheit geben, sein Mitgefühl zum Ausdruck zu bringen, ohne seine »Stärke zu provozieren«; dann kann der Andere unser Freund, unsere Freundin werden.

BENEDIKT XVI. UND DER ZUKÜNFTIGE PAPST FRANZISKUS

Ein schönes Beispiel für die Enthüllung, die wir vornehmen, um auf den Anderen zuzugehen, ist der Film *Die zwei Päpste* von Fernando Meirelles mit Anthony Hopkins in der Rolle von Papst Benedikt XVI. und Jonathan Pryce, der Jorge Mario Bergoglio, den Erzbischof von Buenos Aires und späteren Papst Franziskus, verkörpert. Er zeigt die Entstehung einer Freundschaft zwischen zwei Männern, die auf den ersten Blick nicht gegensätzlicher sein könnten.

Benedikt XVI. ist ein Großbürger, Gelehrter, Machtmensch und Konservativer. Er begreift sein päpstliches Amt als Hüter der Kirchenlehre, als »Wachhund des Glaubens«. Während er privat durchaus differenzierte Ansichten etwa zum Zölibat oder zur Homosexualität vertritt, ist davon in seinen offiziellen Stellungnahmen nichts zu spüren. Jorge Bergoglio hingegen ist ein bescheidener Mann, liebt Basketball und Fußball und hat unterschiedliche Berufe ausgeübt, bevor er Priester wurde. Er misstraut der Macht und vertritt als Anhänger von Franz von Assisi den Standpunkt, dass es keinen wahren Glauben ohne Demut geben kann, wie dies Jesus Christus vorgelebt hat. Der Pomp des Vatikans stößt ihn ab, die Machenschaften um Macht und Einfluss, die am Heiligen Stuhl ausgetragen werden, widern ihn an, außerdem schmerzt ihn zutiefst die Art und Weise, wie die Kirche die Fälle von Kindesmissbrauch immer noch kleinredet oder totschweigt. Während Benedikt XVI. sich in seinen roten Pontifikal-Schuhen außerordentlich wohl fühlt, möchte Jorge Bergoglio am liebsten barfuß an der Seite der Unterdrückten und Ausgeschlossenen laufen. Später, nach seiner Wahl zum Papst, wird er sich wie der »Arme von Assisi« Franziskus nennen. Am Anfang des Films, der auf wahren Begebenheiten beruht, ist die tiefe Verachtung Benedikts XVI. gegen Bergoglio zu spüren; seine Bemühungen, allen Erschütterungen der Zeitläufte zum Trotz die Unumstößlichkeit der Kirchenlehre zu rechtfertigen, würden zunichtegemacht, sollte dieser Bergoglio seine Nachfolge antreten.

Jorge Bergoglio erhält eine Einladung aus dem Vatikan. Als er auf Benedikt XVI. trifft, bringt er sein Rücktrittsgesuch vor, doch dieser lehnt strikt ab. Bergoglio kann die Politik des Papstes nicht gutheißen und sieht keine Möglichkeit mehr, sein Amt als Erzbischof weiter auszuführen. Die Stimmung des Treffens ist von unterschwelliger Aggression erfüllt: Zwei Visionen des Papsttums prallen aufeinander, ja zwei Visionen des Christentums und des Glaubens. Bergoglio will seine Kirche, die sich vom Wort Jesu entfernt hat und die Zeichen der Zeit nicht erkennt, reformieren. Für Benedikt XVI. hingegen kann die Institution Kirche ihre Rolle nur erfüllen, wenn sie mit sich selbst identisch bleibt, unwandelbar mitten im Treiben der Geschichte. In dem Wort »Institution«, erklärt er sinngemäß, stecke der »Tutor«; eine Pflanze kann nur gerade wachsen, wenn dieser »Tutor« unbeweglich bleibt und sie stützt. Auf ihrem Gang durch den herrschaftlichen Garten der päpstlichen Sommerresidenz verschanzen sich beide hinter ihrem jeweiligen Standpunkt. Sie bieten einander die Stirn, doch sie begegnen einander nicht, dafür ist jeder von ihnen zu sehr davon überzeugt, im Recht zu sein. Auf die Fälle von Kindesmissbrauch durch Priester angesprochen, wagt Benedikt XVI. es, von Vergebung zu sprechen – gewiss, eine schwierige Angelegenheit, aber das sei Vergebung immer: Priester seien Sünder wie alle anderen Menschen auch … Darauf erwidert Jorge Bergoglio trocken, dass diese Beschwörung der Vergebung ungehört verhalle, wenn man die potenziellen zukünftigen Opfer nicht schützt. Er bleibt höflich, doch der Angriff ist schwerwiegend: Er wirft dem Papst sein Schweigen vor und gibt ihm zwischen den Zeilen zu verstehen, dass er darin eher Einverständnis als Nachsichtigkeit sieht. Die beiden Männer können einander nicht begegnen, weil sie jeweils genau der Person gegenüberstehen, die sie erwartet haben. Bergoglio macht die geschliffene, aber herzlose Rhetorik Benedikts XVI. wütend. Letzterer findet es unerträglich, wie Bergoglio immer wieder an die Botschaft Jesu erinnert. Bergoglios hartnäckiges Beharren, Benedikt XVI. möge sein Rücktrittsgesuch annehmen, kommt fast einem Affront gleich. Die strikte Ablehnung seitens des Papstes soll ihn daran erinnern, wer die Macht hat. In dieser unversöhnlichen Stimmung gehen sie auseinander, aber nur, um sich ein paar Stunden später wieder zu treffen. Der Erste, der die Maske fallen lässt, ist überraschenderweise Benedikt XVI.

Der Papst ist ein großer Musikliebhaber und schlägt Bergoglio vor, ein Stück auf dem Klavier für ihn zu spielen. An die Stelle des rationalistischen Theologen tritt nun ein sensibler Interpret. Danach bittet er ihn, noch eine Weile zu bleiben. Er sei schon immer ein Einzelgänger gewesen, vertraut er ihm an, doch so einsam wie jetzt habe er sich noch nie gefühlt. Sein Tonfall hat sich verändert, aber was er ausdrücken möchte, bleibt rätselhaft. Bergoglio wird unsicher. Erneut bittet er den Papst, sein Rücktrittsgesuch zu unterschreiben. Da wendet sich Benedikt XVI. plötzlich zu ihm um, sieht ihn einen Augenblick schweigend an und gesteht, dass er die Stimme Gottes nicht mehr hört. Seinen Glauben habe er noch, aber die Stimme Gottes vernehme er nicht mehr. Die Einsamkeit erdrücke ihn. Bergoglio schaut Benedikt XVI. an. Dieser so selbstsichere Mann, der den Gipfel der Macht erreicht hat, hat ihm soeben ein unfassbares Geständnis gemacht: Er glaubt nicht mehr an Gott. Zumindest wankt sein Glaube. Wie kann er dann der Hirte von Millionen von Gläubigen bleiben? In Bergoglios Gegenwart, angesichts von dessen Glaubensstärke, wird Benedikt XVI. das Ausmaß des Schattens, der auf seinem Glauben liegt, deutlich. Er sagt ihm, dass er aufgeben will. Dass auch er zurücktreten will. In der gesamten Geschichte des Papsttums hat es bis dahin nur einen einzigen Rücktritt gegeben. Bergoglio ist fassungslos. Doch aus seiner Sicht ist die Zerbrechlichkeit Benedikts kein Rücktrittsgrund. Im Gegenteil, sie könnte ihn wieder zu Gott führen, ihn von seiner Überheblichkeit heilen, ihm das Herz öffnen. Und so sagt er: »Unsere Schwäche zieht die Gnade Gottes an, wir zeigen ihm unsere Schwäche, und er gibt uns Kraft.«

Bergoglio blickt Benedikt XVI. an, es kommt ihm vor, als sähe er ihn zum ersten Mal. Doch es folgt noch eine weitere Überraschung, denn der Papst fährt fort: Er könne jetzt zurücktreten, denn er habe einen Nachfolger gefunden, genau den fähigen Mann, den die Kirche braucht, um sie mit ihrem Volk zu versöhnen. Bis vor Kurzem habe er ihn für das größte Übel gehalten, aber nun wisse er, dass sein Nachfolger vor ihm steht.

Bergoglio will nichts davon hören. Selbst der Garten der Sommerresidenz des Vatikans beschämt ihn: Dieser Luxus ist skandalös, dieser Pomp ein Affront. Vom Vatikan ganz zu schweigen … Doch Benedikt XVI. lässt nicht locker: Auf diese seine Weise das Christuswort am eigenen Leib zu leben, sei das nicht genau das, was die Kirche brauche?

Weil Benedikt XVI. die Maske fallen ließ, lässt Bergoglio sie jetzt auch fallen. »Ich kann nicht«, wiederholt er mit vor Entsetzen zitternder Stimme. Das Geständnis des Papstes – fast eine Beichte – hat ihn aus seiner Befangenheit befreit und er offenbart sich.

Viele Jahre zuvor, während seiner Zeit als Provinzial der Jesuiten, putschte sich in Argentinien eine Militärjunta an die Macht und richtete eine Diktatur ein, die sieben Jahre lang währte, von 1976 bis 1983. Zahlreiche Priester, insbesondere die sogenannten Arbeiterpriester, schlossen sich dem Widerstand an, um gegen das Unrechtsregime zu kämpfen, das sogar die Predigten kontrollieren und diejenigen Kirchen schließen wollte, die von »Rebellen« geführt wurden. Bergoglio entschied sich nicht für den Weg des Widerstands. Er versteckte Priester, unterstützte die Flucht bedrohter Priester außerhalb des Landes, aber er führte den Dialog mit der Diktatur weiter. Er wollte Zeit gewinnen, Leben retten, Kompromisse erzielen. Doch während er verhandelte, ordneten die Militärs die Ermordung von Hunderten Männern und Frauen der Kirche an. Viele der Menschen, die er zu retten hoffte, seien tot.

Nun ist Benedikt XVI. an der Reihe, sein Gegenüber mit neuen Augen zu sehen. Er ist darüber informiert und weiß, dass der Erzbischof von Buenos Aires ein »Kollaborateur« gewesen ist. Aber Bergoglio ist mit seiner

Geschichte noch nicht fertig. Er erzählt, dass er eine Jugendliebe gehabt habe, bevor er Priester wurde. Aber seit dem Tag, an dem er dieser Frau seinen herzzerbrechenden Entschluss mitteilte, habe er sie nie wiedergesehen. Jahrelang lasteten auf seinem Herzen, trotz des Lichts seines Glaubens, ein Schatten, die Trauer über eine Liebe, die hätte geteilt und Tag für Tag gelebt werden können, und der Schmerz des Verzichts. Er lernte, damit zu leben, und liebte sie weiter, aber es war eine Liebe, die sie nicht verstehen konnte. Er war glücklich bei dem Gedanken, dass sie sich an der Seite eines anderen Mannes entfalten würde. Bis zu dem Tag, an dem er erfuhr, dass sie zu den Widerstandskämpferinnen und -kämpfern gehörte, die die Junta ermorden und ins Meer werfen ließ.

Die Überraschung in den Augen von Benedikt XVI. weicht einer besonderen Form der Liebe: Zärtlichkeit. Jorge ist nicht mehr nur der untadelige Priester, der Demütige unter den Demütigen, die unerschütterliche Kohärenz in Person. Auch er trägt die Last des Schuldgefühls, die Bürde seiner Verfehlungen. Bergoglio wiederholt seine Aussage, dass er nicht Papst sein kann. Die Vergangenheit laste zu schwer auf ihm, nichts könne sie vertreiben.

Wir alle ähneln einander: Wir ähneln uns in unserem Leid und in unseren Widersprüchlichkeiten, denn wir sind nicht vollkommen und zerreiben uns daran, dies zu verbergen. Diese Bemühungen nehmen uns in Anspruch: Wir möchten uns so sehr selbst überzeugen, dass für die anderen kein Platz mehr da ist. Wir glauben, dass unsere Maske uns schützt, dabei isoliert sie uns: Wir vergessen, dass unsere Fehlschläge uns einander näher bringen als unsere Erfolge. Damit Jorge Bergoglio seinem Gegenüber begegnen konnte, musste Benedikt XVI. ihm ein unmögliches Geständnis machen. Damit Benedikt XVI. dem späteren Papst Franziskus begegnen konnte, musste Bergoglio ihm etwas von seinem Leid zeigen. Ihre Freundschaft hat an jenem Abend begonnen – und sie hält an. Benedikt XVI., der jetzt wieder Joseph Ratzinger heißt, zählt zum Personenkreis, den Papst Franziskus regelmäßig konsultiert.

»There is a crack in everything | That's how the light gets in«, singt Leonard Cohen in *Anthem:* Durch alles geht ein Riss. So fällt Licht hinein. Liebe und Freundschaft gleichen diesem Licht: Sie werfen ihre Strahlen weit, vorausgesetzt, es gibt einen Riss, der sie durchlässt. »Wir zeigen ihm unsere Schwäche, und er gibt uns Kraft«, sagt der spätere Papst Franziskus von Gott. Genau das Gleiche kann man von einem Freund sagen.

Das ist die Kraft der Verletzlichkeit, wobei unter Kraft das »Vermögen« im griechischen, aristotelischen Sinn gemeint ist: das, was etwas anderes ermöglicht. Die Begegnung zwischen den beiden Päpsten fand erst statt, nachdem die Masken gefallen waren und Risse sichtbar wurden. Es ist schwer, sich die Maske vom Gesicht zu reißen, zumal wenn man Papst ist und diese riesige, schrecklich imposante Maske den Blicken der ganzen Welt ausgesetzt ist. Aber in der Intimität eines geteilten Augenblicks wird das möglich. Wenn sogar Päpste in der Lage sind, ihre Maske fallen zu lassen, was hält dann uns davon ab?

Wenn wir es wagen, uns verletzlich zu zeigen, können wir unser Konstrukt aus Posen und Rollen, das Begegnung verhindert, zerschlagen und eine andere Form der Verbundenheit anbieten, die sich von den üblichen sozialen Kontakten unterscheidet. Das gelingt meist, wenn wir etwas über unsere Vergangenheit erzählen, wie Jorge Bergoglio es getan hat. Gibt es ein schöneres Tor zur Gegenwart eines Menschen? Wenn jemand seine Geschichte erzählt, kommen Gefühle in ihm hoch, die im Gegenüber widerhallen und etwas auslösen.

Wenn wir uns verletzlich zeigen, gestatten wir dem Anderen, es uns gleichzutun und zu wagen, sich zu zeigen, wie er ist, ohne befürchten zu müssen, verurteilt zu werden. Das entspricht einem elementaren Gesetz der menschlichen Psychologie: Reziprozität. Der Anthropologe Marcel Mauss hat schon seinerzeit beobachtet, wie in frühen Gesellschaften auf eine Gabe automatisch eine Gegengabe erfolgt. Gibst du jemandem etwas, gibt er dir etwas zurück. Laden wir Freunde zum Essen ein, bekommen wir eine Gegeneinladung. Das hat mehr mit menschlicher Psychologie als mit sozialer Konvention zu tun.

Der Film *Die zwei Päpste* ist ein schönes Beispiel für diesen Mechanismus der Reziprozität. Als Benedikt XVI. seine Deckung aufgibt, ist das mehr als eine Einladung an Jorge Bergoglio, es ihm gleichzutun – er nötigt ihn schon fast dazu. Wie sollte Bergoglio, nachdem Benedikt ihm das Uneingestehbare gestanden hat, selbst in Deckung bleiben? Seine Deckung nicht aufzugeben, wäre schäbig gewesen. Es zu tun, ist eine Erleichterung, ein Schritt nach vorn.

DIE SÜSSE DER FREUNDSCHAFT

In einem Kommentar über den aristotelischen Freundschaftsbegriff definiert der italienische Philosoph Giorgio Agamben den Freund als »ein anderes Selbst«, das »die Empfindung, die Lust zu existieren teilt«.

Diese Definition von Freundschaft ist auf den ersten Blick überraschend. In seiner *Nikomachischen Ethik* definiert Aristoteles den Freund in erster Linie als denjenigen, der uns in die Lage versetzt, unsere Potenziale zu verwirklichen, uns weiterzuentwickeln, ein besserer Mensch zu werden. Agamben widerspricht dieser Definition nicht, aber er hält eine Idee im Hauptwerk des griechischen Philosophen, die kaum Beachtung gefunden hat, für wichtig: Ein Freund ist jemand, der uns das

Leben versüßt. Darum können wir schweigen, wenn wir mit ihm zusammen sind, ohne uns dabei unwohl zu fühlen; stundenlang mit ihm diskutieren, ohne zu merken, wie die Zeit vergeht; uns ihm bedenkenlos anvertrauen. Allein durch seine Gegenwart bringt er uns dazu, selbst in den schwierigsten Momenten die Süße des Lebens zu fühlen. Diese Erfahrung ist universell: Uns geht es nicht gut, wir rufen einen Freund oder eine Freundin an und begeben uns zum Treffpunkt, den Kopf ganz schwer von dem, was uns auf dem Herzen lastet und unsere ganze Aufmerksamkeit beansprucht. Doch kaum dass wir ihn sehen, kaum dass wir ihr gegenübersitzen, kommt uns das Leben leichter, süßer vor. Unser Problem ist nicht gelöst, aber etwas hat sich verändert. Es ist noch kein Wort gefallen, aber die Gegenwart dieses Freundes, dieser Freundin genügt. Noch bevor unser Gespräch beginnt, finden wir die Wärme unserer Verbundenheit wieder, etwas, das uns gehört, das zwischen uns da ist und uns guttut. Das entdecken auch die zwei Päpste am Abend ihrer Begegnung, sodass sie sogar über ihre Schwächen lachen können: eine Süße des Lebens, die keiner für sich alleine fühlen kann. Doch um sie zu kosten, müssen sie erst in der Lage sein, sich verletzlich zu zeigen.

Weil ich zerbrechlich bin, weil das Leben rau ist, brauche ich Süße. Wer wagt, sich verletzlich zu zeigen, gibt der wohltuenden Süße der Freundschaft eine Chance.

Es braucht allerdings eine gewisse Zurückhaltung, eine gewisse Scheu bei der Enthüllung der Verletzlichkeit. Wir sollten vermeiden, den Anderen in Geiselschaft zu nehmen, ihm unser Leid an den Kopf zu werfen. Es ist eine Frage des richtigen Augenblicks, des Kairos, des Takts, des Feingefühls. Mich verletzlich zu zeigen, geht mit einem feinen Gespür und einer offenen Aufmerksamkeit für den Anderen einher. Lassen wir die Maske zu früh fallen, bedenkenlos oder ungelegen, ohne Rücksicht auf die Befindlichkeit des Anderen, könnte ihn das in die Flucht treiben oder brüskieren. Es wäre unpassend, meinen Liebeskummer jemandem anzuvertrauen, dessen Beziehung auf der Kippe steht oder der gerade verlassen wurde. Auch meine Wortwahl ist äußerst wichtig. Über meine Erschöpfung, die ersten Anzeichen eines Burn-outs im Rahmen meiner spannenden Arbeit werde ich anders sprechen, wenn mein Gegenüber gerade arbeitslos geworden ist. Unsere Begegnung wird davon abhängen, mit wie viel Feingefühl ich meine Verletzlichkeit zeige und gleichzeitig auf die Verletzlichkeit des Anderen Rücksicht nehme, indem ich auf den richtigen Augenblick ebenso achte wie auf meine Worte, auf das, was ich sagen kann und worüber ich besser schweigen sollte.

Indem ich mich anvertraue, die Maske vor dem Anderen fallen lasse, schiebe ich ihm Verantwortung zu: Ich bitte ihn, sich um mich zu kümmern. Was ich ihm im

Gegenzug gebe, ist wertvoll: etwas von meiner Wahrheit, viel von meiner Zerbrechlichkeit, mein volles Vertrauen. Aber ich erwarte auch viel vom Anderen. Es liegt an mir, dies mit jener feinsinnigen Großzügigkeit zu tun, die durch Takt und Feingefühl zum Ausdruck kommt.

Unsere Epoche ermutigt uns nicht gerade, die Maske fallen zu lassen, sondern eher, die vorteilhaftesten Selfies in den sozialen Medien zu posten und unser Profilbild entsprechend der Anzahl von Likes zu verändern. Wir spielen auf Instagram das Spiel mit, das Bild eines perfekten Lebens zu zeichnen, und bei dieser Alltagsinszenierung – gefilterte Fotos unserer Urlaubsorte, Speisen oder gesellige Runden aus dem optimalen Blickwinkel, schöne lächelnde Freunde – ist alles darauf abgestellt, dass statt unserer verletzlichen Seite unser Erfolg sichtbar wird, ohne jede Rücksicht auf all diejenigen, die sich durch eine solche Zurschaustellung gefakter Erfolge und scheinbaren Glücks angegriffen fühlen könnten.

Statt die Maske fallen zu lassen, gehen wir sogar so weit, retuschierte Selfies zu veröffentlichen, um so viele »Daumen hoch« wie möglich einzuheimsen. Schlimmer noch, die Schönheitschirurgen bekommen immer mehr Anfragen von Menschen, die eine künstliche Version ihrer selbst werden wollen und bereitwillig Geld für eine feinere Nase, größere Augen, ein symmetrischeres Gesicht ausgeben – kurz, um wie die Porträts auszusehen, die anhand von »maskenbildenden« Algorithmen erstellt werden. Dieses Phänomen war und ist so beunruhigend, dass die Verantwortlichen von Instagram sich genötigt sahen, die entsprechenden Filter zu verbieten. Die technologischen Werkzeuge, die uns zur Verfügung gestellt werden, machen uns glauben, dass wir den anderen ein ebenmäßiges Gesicht präsentieren müssen, eingefroren in einer Pose triumphierenden Glücks, als ästhetisch optimierte Maske. Das ist das sicherste Mittel, eine Wand zwischen sich und den anderen zu errichten.

Was lieben wir beim Anderen wirklich? Seine Stärke oder seine Schwäche? Vermutlich die Mischung aus beidem. Als Benedikt XVI. seine »Glaubenskrise« gesteht, öffnet er ein Fenster auf den Reichtum seines Innenlebens und nimmt Jorge Bergoglio in einer unerhörten Weise für sich ein; plötzlich zeigt er sich ihm. In seinem Inneren sind die Stärken und Schwächen eng verwoben – unmöglich, sie zu entwirren.

Aus christlicher Sicht lieben wir beim Anderen seine Verletzlichkeit, weil er sich uns darin wirklich zeigt, ohne Maske, in seiner Wahrheit als Mensch und als Kind Jesu. Ich meine jedoch, dass wir uns nicht so sehr von der Verletzlichkeit eines Menschen angezogen fühlen, sondern von dem, was sie offenbart, jenes innige Gewebe aus Stärken und Schwächen, eine Vielschichtigkeit, die zu verdecken die Funktion der sozialen Maske ist.

Selbst wenn der Andere uns durch seine Stärke imponiert (seine Ungezwungenheit, sein Charisma, seine

Erfolgsgeschichte …), erhaschen wir manchmal seine Verletzlichkeit, und dann imponiert er uns umso mehr. Manchmal bewundern wir auch, wie der Andere sich mit seinen Schwächen versöhnt hat und eine Stärke daraus macht, oder die Art, wie er sie eingesteht oder sich, im Gegenteil, mit ihnen herumschlägt. Manchmal machen wir als Einzige eine bestimmte Schwäche aus, für die alle anderen blind zu sein scheinen, und schaffen dadurch ein inniges Band zwischen dieser Person und uns. Schimmerte nichts von ihrer Verletzlichkeit durch, dann käme auch nichts von ihrer Vielschichtigkeit zum Vorschein und wir würden uns bald abwenden. Selbst wenn der Andere seine Maske nicht aufrichtig fallen lässt, muss er zumindest einen winzigen Einblick in sein wahres Wesen gewähren, damit wir Lust bekommen, ihm zu begegnen.

*

Wenn wir den Zufall durch eine Spontanaktion provozieren, uns in Bereitschaft für das Unbekannte versetzen, es wagen, die Maske fallen zu lassen, dann sind das alles Handlungen, die Vertrauen erfordern.

In meinem Buch *Sich selbst vertrauen. Kleine Philosophie der Zuversicht* habe ich aufgezeigt, inwiefern Vertrauen und Selbstvertrauen sich voneinander unterscheiden. Vertrauen haben bedeutet, den Sprung trotz aller Zweifel zu wagen und zu lernen, die Ungewissheit trotz aller Furcht zu akzeptieren und sogar zu umarmen.

Die drei großen Bedingungen von Begegnung, die in diesem Kapitel dargelegt wurden – das Hinausgehen und Aus-sich-Herausgehen, die Bereitschaft, das Ablegen der Maske –, laufen alle auf eine Feststellung hinaus: Wir müssen dem Ungewissen vertrauen.

Wer die eigenen vier Wände verlässt, ohne mit Sicherheit das Ergebnis zu kennen, hat Vertrauen in das eigene Handeln und in dessen Vermögen, die Wirklichkeit umzugestalten.

Unsere Bereitschaft für das Unvorhergesehene ist nichts anderes als eine Definition von Vertrauen: Wir sind bereit, auf etwas zuzugehen, das wir nicht antizipieren können. Hätten wir nur auf bekanntem Terrain Vertrauen, wenn alles läuft wie vorgesehen, wäre das kein Vertrauen, sondern Können.

Wenn wir uns verletzlich zeigen, uns »entblößen«, unseren Weg ohne Maske fortsetzen, müssen wir uns selbst und den anderen vertrauen, um zu wagen, dem Unbekannten unser Innerstes zu enthüllen.

Am Ende dieser Überlegungen zu den Bedingungen von Begegnung fühlen wir es ganz deutlich: Die beste Art, anderen zu begegnen, ist, ihnen zu vertrauen.

TEIL 3

DAS WIRKLICHE LEBEN IST BEGEGNUNG

Wir sind schon seltsame Wesen: Wir müssen anderen Mitgliedern unserer Spezies begegnen, um wir selbst werden zu können. Wir sind uns nicht genug; wir streben *von Natur aus* nach Begegnung mit dem Anderen, aber nicht als schlichte Zugabe, als »Nachtrag« zu unserem anfänglichen Sein, sondern als wesentlicher, wesensgleicher Teil unseres Lebens, der zu unserer Verwirklichung notwendig ist.

Ohne Begegnung mit anderen können wir unmöglich wissen, was uns wirklich antreibt, wozu wir fähig sind; wir können unmöglich aus dem Gefängnis unserer Identität ausbrechen, unsere sozialen und mentalen Fesseln sprengen; unmöglich auch, unsere moralische Ader zu entdecken, jene Disposition, uns manchmal zurückzunehmen und dem Anderen den Vortritt zu lassen.

Ich bin dir begegnet, deine strahlende Einzigartigkeit hat mich überwältigt, wir sind Freunde, Geliebte, Liebende geworden, jedenfalls hast du mich überrascht, aus der Fassung gebracht, meine Sicht der Dinge, meinen Blick auf die Welt verändert; du hast mir zugelächelt, als das Leben es nicht mehr gut mit mir meinte; ich habe dich unterstützt und bin in meiner neuen Verantwortung voll aufgegangen; wie auch immer, ich habe dank dir, durch dich einen Teil von mir entdeckt, der mir unbekannt war. Heute weiß ich ein bisschen besser, wer ich bin. Nicht du hast ihn mir vermittelt, aber durch dich habe ich ihn entdeckt; unsere Begegnung war der Schlüssel dazu.

Gewisse Begegnungen können verheerend sein – im Guten wie im Schlechten. Indem sie alles hinwegfegen, was ihnen im Weg steht, befreien diese außergewöhnlichen Begegnungen uns von einer Version unserer selbst, die uns nicht erfüllt, von einem Leben aus Leid oder Langeweile, einer Existenz diesseits dessen, was wir anstreben und deren Potenzial wir nicht ausschöpfen. Diese Begegnungen zu verpassen, bedeutet, ein lebensstiftendes Ereignis verstreichen zu lassen. Und vielleicht auch, dass wir achtlos an der Person vorbeigehen, die uns hätte lieben können wie keine andere zuvor, die uns dazu gebracht hätte, uns endlich der angenehmen Seiten des Lebens zu erfreuen, die uns die Augen geöffnet, den Sinn für das Staunen geweckt und unsere schlummernden Stärken wachgerüttelt hätte. Solche Verabredungen zu verpassen, bedeutet letztlich, dass wir uns selbst verpassen und unsere Wahrheit, unser Begehren, unser Glück verfehlen. Ist unser »Schicksal« dermaßen ein Kind des Zufalls? Warum dieses Bedürfnis nach Begegnung mit dem, was nicht wir selbst ist, um wir selbst zu werden? Das ist mehr als eine Frage: Es ist ein Rätsel.

Dieses Rätsel ist es wert, erkundet und durch das Prisma unterschiedlicher Perspektiven beleuchtet zu werden: der anthropologischen, der existenzialistischen, der religiösen, der psychoanalytischen und der dialektischen. Für jede von ihnen müssen wir die diesbezüglichen Bekundungen heranziehen. Unter den erbaulichen Autoren sind einige atheistisch, wie Alain, andere gläubig, wie Martin Buber. Wir werden mit Sigmund Freud einem Psychoanalytiker begegnen und mit Jean-Paul Sartre einem Opponenten dieser Disziplin. Die westliche Philosophie wird von Georg Wilhelm Friedrich Hegel vertreten sein und dessen Widerpart durch François Jullien. Über eine Aussage, die Martin Buber geprägt hat, sind sie sich aber alle einig: »Alles wirkliche Leben ist Begegnung.«

BEGEGNUNG ALS ETWAS SPEZIFISCH MENSCHLICHES?

EINE ANTHROPOLOGISCHE LESART

Begegnung findet auch unter Tieren statt: tödliche Begegnung mit einem natürlichen Feind, Liebesbegegnung wie bei den Gänsen oder Sittichen, die wir »unzertrennlich« nennen, weil sie als Paar leben und nach dem Tod des Partners zugrunde gehen; oder Begegnung eines »Gefährten«, wie bei den Eseln, die die Einsamkeit nicht ertragen und einen anderen Esel, ein Pferd, eine Ziege oder ein Schaf erwählen, das ihnen so oft wie möglich Gesellschaft leistet. Wir könnten die Liste beliebig verlängern mit Beispielen aus den sozialen Medien von Tieren, deren Verständnisinnigkeit und Verbundenheit fast schon menschlich anmuten.

Allerdings ist die Wirkung von Begegnung, so wesentlich sie auch sein mag, geringer. Zwar kann ein Tier durch den Kontakt mit einem anderen Tier durchaus Glück und Lebensfreude, Vertrauen und Ruhe wiederfinden, eine Begegnung wird es jedoch nicht so tief verändern, wie dies bei uns Menschen durchaus der Fall ist. Auf die Evolution einer Spezies haben Begegnungen, das lässt sich jedenfalls feststellen, einen geringeren Einfluss. Unser Leben kann durch die Begegnung mit einem Lehrer auf den Kopf gestellt werden, unsere Weltanschauung durch eine Liebesbegegnung gehörig ins Wanken geraten – der Beweis, dass der Mensch eine formbare, modellierfähige Masse bleibt, der ein anderer eine neue Gestalt verleihen kann. Dagegen sind die Tiere, so scheint es, aus einem anderen Holz geschnitzt. Sie haben einen sichereren Instinkt als wir, und häufig sind ihre Sinne viel schärfer. Warum sich den anderen zuwenden, wenn man sich mit Stärke und Klarheit selbst leiten kann?

Aufgrund dieses Instinkts, so Jean-Jacques Rousseau, sind die Tiere viel weniger vervollkommnungsfähig als die Menschen und somit viel weniger empfänglich für die Wirkungen von Begegnung: »Wenn aber die Schwierigkeiten, die alle diese Fragen umgeben, auch einigen Raum lassen mögen, über diesen Unterschied zwischen Mensch und Tier zu streiten, so gibt es doch eine andere sehr spezifische Eigenschaft, die beide unterscheidet und über die es keinen Streit geben kann: dies ist die Fähigkeit, sich zu vervollkommnen, eine Fähigkeit, die mit Hilfe der Umstände nacheinander alle anderen Fähigkeiten entwickelt und die uns ebenso als Gattung wie als Individuen innewohnt; wohingegen ein Tier nach einigen Monaten das ist, was es sein ganzes Leben lang sein wird, und seine Gattung nach tausend Jahren das, was sie im ersten dieser tausend Jahre war«, schreibt er im ersten Teil seiner berühmten *Abhandlung über den Ursprung und die Grundlagen der Ungleichheit unter den Menschen* (1755). Knapp hundert Jahre später wird Charles Darwin aufzeigen, dass jede Spezies sich fortentwickelt, also »nach tausend Jahren« mitnichten das ist, was sie »im ersten dieser tausend Jahre war«, und werden die Verhaltensforscher herausstellen, dass auch Tiere die Fähigkeit haben, sich zu perfektionieren, allerdings verglichen mit uns Menschen in einem so verschwindenden Maße und in einem so schleichenden Tempo, dass Rousseaus Aussage weiterhin Gültigkeit besitzt. Auch wenn sie im Lichte der nachfolgenden wissenschaftlichen Entdeckungen relativiert werden muss, gründet sie auf einer unbestreitbaren Feststellung: Wir Menschen verändern uns viel stärker durch die Berührung mit anderen Menschen als die Tiere durch den Kontakt mit ihresgleichen, und wir entwickeln uns auch viel schneller fort als sie – im Guten wie im Schlechten. So stellt Rousseau die Frage: »Warum kann allein der Mensch geistesschwach werden? Liegt es nicht daran, dass er so zu seinem anfänglichen Zustand zurückkehrt und dass – während das Tier, das nichts erworben hat und auch nichts zu verlieren hat, immer mit seinem Instinkt verbunden bleibt – der Mensch, wenn er durch das Alter oder andere Umstände alles verliert, was seine Perfektibilität ihn erwerben ließ, noch tiefer fällt als selbst das Tier?« Die Fähigkeit des Menschen, »zu seinem anfänglichen Zustand« zurückzukehren, ist Rousseau zufolge das Pendant zu seiner Perfektionsfähigkeit, und beide zeichnen das Porträt des Menschentieres als eines freien Menschen. Weil wir weniger von unserem Instinkt geleitet sind als die anderen Tiere, haben wir die Freiheit, ein anderer zu werden, uns fort- oder zurückzuentwickeln. Dieses Werden hängt auch von unseren Begegnungen ab. Unser »Schicksal« ist einzig das, was die Begegnungen uns bieten.

Zwischen Mensch und Tier bestehen keine Wesens-, sondern nur graduelle Unterschiede; wir sind nicht grundsätzlich unähnlich, unsere Essenz ist keine völlig andere. Die Kluft ist jedoch so groß, dass sie auf einen wesensmäßigen Gegensatz zu verweisen scheint. Daher die Versuchung, Begegnung als etwas spezifisch Menschliches anzusehen.

Die Entdeckungen der Verhaltensforschung des 20. Jahrhunderts haben unseren Blick auf die Tiere verändert. Einige höhere Säugetiere erweisen sich als lernfähig für Sprache, legen altruistische Verhaltensweisen an den Tag, haben Sinn für Humor, vermögen ihr Bewusstsein und ihre Todesangst zum Ausdruck zu bringen und bereiten ihren Verwandten vereinzelt sogar ein Grab. Man kann sich also kaum mehr trauen, den Menschen als besonderes Wesen zu definieren. Wie die französische Philosophin Élisabeth de Fontenay in ihrem großartigen Buch *Le Silence des bêtes* (1998) darlegt, kann die Annahme einer spezifischen Besonderheit des Menschen dem Tier gegenüber aus zweierlei Gründen gefährlich sein: Damit negieren wir unsere erstaunliche Nähe zu den Tieren und schließen all diejenigen von der Menschheit aus, die einer bestimmten Definition vom Menschen nicht entsprechen – die Dummen, wenn Intelligenz der Maßstab ist, oder die Stummen, wenn das Sprechen zum Wesensmerkmal des Menschen erhoben wird. Die Behauptung, dass Begegnung ein Spezifikum des Menschen sei, wie man es früher vom Bewusstsein, von der Sprache oder vom Lachen gesagt hat, käme einer Wiederholung desselben Fehlers und gegenüber all denjenigen, die sich isolieren, der Aberkennung ihres Menschenstatus gleich.

Diese Ablehnung, eine spezifische Besonderheit des Menschen kategorisch zu identifizieren – im Sinne einer strengen Unterscheidung zwischen Tiernatur und Menschennatur –, sollte uns, wie Élisabeth de Fontenay überdies aufzeigt, nicht dazu verleiten, die Tatsache zu leugnen, dass wir keine Tiere sind. »Das Tier ist uns Menschen so fern, so nah«, schreibt sie. Wir spüren das in der Gegenwart eines Elefanten, eines Hundes oder sogar eines Gorillas: Wir sind, trotz allem, nicht wie sie. Wir können nicht sagen, warum das so ist, aber wir wissen es. Und dieser Unterschied bleibt ein Rätsel. Tiere haben ein Bewusstsein, allerdings ist unser Bewusstseinsgrad viel höher. Sie zeigen zuweilen Mitgefühl, allerdings weniger als wir. Sie können spielen und lachen, aber zu großartigen Comedyshows sind sie nicht fähig. Dass dieser Unterschied zwischen ihnen und uns nur ein gradueller und kein Wesensunterschied ist, macht ihn nur noch spannender. Woher kommt er? Wir gehören doch dem gleichen Reich des Lebendigen an und haben gemeinsame Vorfahren mit den Menschenaffen. Warum hat sich der Homo sapiens dann schneller entwickelt?

DER MENSCH, DAS UNFERTIGE TIER

Eine der gängigsten Antworten, die seit der Antike gegeben wird, hängt mit der Vorstellung zusammen, dass wir große Frühgeburten sind: Wir werden zu früh geboren, unfertig, und so besteht die zwingende Notwendigkeit, dass wir uns in die soziale Gruppe integrieren, deren Hilfe und Unterstützung wir brauchen, wodurch wir uns wiederum wirksamer weiterentwickeln können. Weil wir vorzeitig geboren werden, sind unsere Instinkte schwach ausgeprägt und wir müssen alles erlernen, doch auf diese Weise entwickeln wir uns letztlich schneller weiter als die anderen Tiere, die ihren Instinkten unterworfen sind. Ohne die anderen können wir unmöglich überleben. Kaum dass das Neugeborene den Bauch der Mutter verlassen hat, tut es lautstark seine Hilfsbedürftigkeit, seinen Durst nach Bindung kund, jene so schöne wie grausame Abhängigkeit. Schön, weil sie uns zu Beziehungs- und Gefühlswesen macht. Grausam, weil sie einen Mangel erzeugt, der mitunter unauslöschliche Spuren hinterlässt.

Diese These wirft ein erhellendes Licht auf die Kraft, die Begegnungen innewohnt, und ermöglicht ein besseres Verständnis dafür, warum sie uns Menschen stärker verändern, als es bei den Tieren, die als fertige Lebewesen geboren werden, der Fall ist. Wenn es mir an Instinkt fehlt, dann muss ich alles von den anderen oder aus eigenen Erfahrungen lernen. Die Begegnung mit den anderen, mit der Wirklichkeit wird entscheidend.

Der Mensch ist, Aristoteles zufolge, ein unfertiges Tier, ein an »Potentialitäten« reiches Lebewesen, das vollendet werden muss und dessen zahlreiche Anlagen der »Aktualisierung« oder Wirksamwerdung bedürfen. Im Übrigen definiert er den Menschen als ein von Natur aus »politisches Wesen«. Bei der Geburt besitzt der Mensch diese politische Dimension »in potentia« und noch nicht »in actu«. Er ist potenziell imstande, ein soziales und soziables Wesen zu werden, indem er von seiner Vernunft und seiner Sprache Gebrauch macht, um zum Gemeinwohl beizutragen, und indem er Sympathie für seine Mitbürger empfindet. Diese Anlagen werden unter der Bedingung wirksam, dass er anderen begegnet. Die Agora, jener Platz, der für den Austausch zwischen den Bürgern erfunden und gebaut wurde, war übrigens genau dieser Betätigung gewidmet und es war eines jeden Bürgers Pflicht, sich regelmäßig hinzubegeben. Die politische Praxis, das Nachdenken über das Zusammenleben und die schwierige Frage des Gemeinwohls, der

Austausch und die unterschiedlichen Argumente tragen zur Entwicklung der Vernunft und zur Perfektionierung der Sprache bei (im Griechischen fallen beide Begriffe im Wort *Logos* zusammen). Auch bestimmte Affekte wie zum Beispiel die Solidarität – die soziale Form der Freundschaft, die die Griechen *Philía* nannten – werden durch diese Praxis entwickelt. Kurzum, in der Agora wird der Bürger zum vollendeten Menschen, zum wahren politischen Wesen. Die Natur, so könnte man fast meinen, hat ihr Werk unvollendet gelassen und überantwortet unseren Interaktionen, dieses zu vollenden.

Begegnung ist für Aristoteles folglich weit mehr als eine bloße Zugabe: Sie ist die Bedingung unserer Vollendung als Mensch und der Aktualisierung unserer wesensmäßigen Potentialitäten.

Leichter ist das Zugehen auf den Anderen trotzdem nicht. Auch hier müssen wir die eigenen vier Wände verlassen, uns zur Agora begeben und die öffentliche Debatte, die Gegenargumente, die etwaigen Provokationen und Konflikte akzeptieren. Aber die Belohnung ist groß: Wenn wir unsere Vernunft, unsere Sprache und unser Mitgefühl entwickeln, dann ist es der beste Teil unserer selbst, der in der sozialen Sphäre wächst.

Diese Theorie fasste der deutsche Philosoph Johann Gottlieb Fichte im Jahr 1796 wie folgt zusammen: »Kurz, alle Tiere sind vollendet und fertig, der Mensch ist nur angedeutet und entworfen. […] Die Natur hat alle ihre Werke vollendet, nur von dem Menschen zog sie die Hand ab, und übergab ihn gerade dadurch an sich selbst.« An sich selbst – und an die anderen: Der Mensch, den die Natur »entworfen« hat, kann sich durch die Begegnung mit anderen formen und seine endgültige Gestalt annehmen.

Erst im 20. Jahrhundert erfuhr die Hypothese der vorzeitigen Geburt des Menschen eine Bestätigung durch die Wissenschaft. 1926 bestimmte der niederländische Anatom Louis Bolk die physiologische Frühgeburt als Merkmal der menschlichen Spezies und verwendete dafür den Begriff der »Neotenie«. Anthropologen wie Stephen Jay Gould bestätigten seine Arbeiten und Embryologen wie Gavin Rylands de Beer zeigten auf, dass die Zellen des menschlichen Fötus mindestens 18 Monate brauchen, bis sie ihre Entwicklung vollendet haben. Bei der Geburt fehlen uns also grosso modo neun Monate, bis wir eine erste fertige Form erreicht haben. Wir sind eine Spezies der großen Frühgeburten. Der Grund dafür ist zweifellos unsere Zweifüßigkeit: Indem wir uns aufrichteten, machten wir Platz für unser Gehirn, unseren Kehlkopf und unser Augenlicht, wobei sich der Gesichtssinn auf Kosten unseres Geruchssinns entwickelte; damit beschleunigten wir aber auch die Geburt, denn durch den aufrechten Gang wiegt der Fötus schwerer auf dem Uterus. Die Folgen einer solchen Frühgeburt sind immens. So schutz- und hilflos bei der Geburt zu sein, treibt uns den anderen in die Arme. Wir brauchen Schutz, eine warme Hülle und

Geborgenheit. Unser schwach ausgeprägter Instinkt verdammt uns zu Fehlschlägen und dazu, dass wir Lehren aus unseren Verfehlungen ziehen, dass wir mehr als die anderen Säugetiere nach der Methode von Versuch und Irrtum vorgehen, dass wir von anderen lernen, von unseren Eltern und Großeltern, von unseren Lehrern und Lehrerinnen, aber auch aus der Geschichte, und dass wir imaginieren. Die Neotenie wirft uns auf eine besondere Weise in das Abenteuer der Begegnung, aus Bedrängnis und Bedürftigkeit, in fiebriger Erwartung und aus der Notwendigkeit heraus, auf den Anderen zuzugehen, weil unser Wohl davon abhängt; wir müssen vieles erfinden, um die Schwächen unseres Instinkts zu kompensieren. Gute Begegnungen zu haben, ist keine Sache des Zeitvertreibs, sondern eine Frage des Überlebens und die Bedingung unserer Entwicklung.

Wären wir nicht diese vorzeitig geborenen, verkorksten Wesen – also gelungene Menschen – und würde uns der Instinkt so sicher leiten wie ein Schicksal, unsere Begegnungen hätten nicht dasselbe Gewicht. Wir wären wie alle anderen sozialen Wesen – Wölfe, Zugvögel, Bienen oder Ameisen –, die sich in ihren Rudeln, Schwärmen, Stöcken oder Bauten begegnen, zusammenleben und sich organisieren, aber so sehr ihrem Instinkt gehorchen, dass Begegnungen kaum Einfluss auf ihre individuelle Natur und ihre vorbestimmte Rolle innerhalb der Gruppe nehmen. Störche und Kraniche brechen in Gruppen in den Süden auf, doch aufgrund ihres starken Instinkts, der diesen Aufbruch diktiert und sie bis ans andere Ende der Welt leitet, ist ihr Abenteuer schon vorgegeben und ausschlaggebend – noch vor ihrer Begegnung mit den Fluggefährten. Zwar findet Begegnung statt und entstehen Bindungen zwischen den Gruppenmitgliedern, allerdings werden sie wesentlich durch die Reise, ihre Erfordernisse und die Gruppenhierarchie bestimmt. Dasselbe gilt für die Kaiserpinguine, die Dutzende von Kilometern auf dem Packeis zurücklegen, um zu ihrem traditionellen Fortpflanzungsort zu gelangen; zwar stellen wir mit Erstaunen fest, dass sie Partnerschaften eingehen, aber nichtsdestotrotz bleiben sie mit sich selbst identisch, es gibt für sie, als Individuen, kein vor und nach der Begegnung. Das ist der Unterschied zu den unfertigen und unvollkommenen Wesen, die wir Menschen sind und die, nach der Definition von Aristoteles, den Debatten auf der Agora sei Dank, die Fähigkeit besitzen, sich selbst als »politische Wesen« zu vollenden.

Wir sind große Frühgeburten, verfrüht ins Dasein geworfen, daher erscheinen uns jene anderen, denen wir uns voller Erwartungen und Wünsche zuwenden, wie Halbgötter. Bei jeder Schlüsselbegegnung spielen wir die Wahrheit unserer Bedingung als Mensch von Neuem durch. Jede dieser Begegnungen trägt den Stempel unserer Geburt. Deshalb ist jede Begegnung wie eine Neugeburt.

ICH BEGEGNE DIR, ALSO BIN ICH

EINE EXISTENZIALISTISCHE LESART

Wir werden »ins Dasein geworfen«, behauptet Jean-Paul Sartre in seinem Essayband *Der Existentialismus ist ein Humanismus*, nicht »zu früh«, wie die Theoretiker der Neotenie erklären, sondern ohne »Essenz«, ohne apriorische Bestimmung, ohne apriorische Wahrheit. Vollkommen undeterminiert und absolut frei zugleich. Diese existenzialistische Philosophie führt die anthropologische Perspektive weiter.

Sartres Postulat »die Existenz geht der Essenz voraus« besagt, dass wir vor allem anderen beginnen, zu existieren, zu werden, ohne dass ein Gott uns ausgedacht oder gewollt hat. Dennoch, wenn die Existenz der Essenz vorausgeht, dann sehr wohl deswegen, weil es eine Essenz gibt, die aus der Summe unserer Entscheidungen und Taten im Augenblick unseres Todes, der »Nichtigung aller meiner Möglichkeiten« besteht. »Der Mensch ist nur die

Summe seiner Taten«, schreibt Sartre. Da Gott nicht existiert, da kein höheres Wesen uns diktieren kann, was wir sind und welche Bedeutung unser Sein hat, bleibt nur die Wirkung unserer Taten auf die Welt, auf uns selbst und auf die anderen. Wir leben nicht vor den Augen Gottes, sondern unter dem Blick der anderen: Durch sie, im Kern unserer Beziehungen, der *Intersubjektivität*, wie Sartre es nennt, werden wir wir selbst.

Manchmal haben wir das Gefühl, besonders als Jugendliche, überbordend von Leben und Ambitionen aller Art, dass der Alltag konturenlos, nicht auf der Höhe unserer Erwartungen, eine endlose Aneinanderreihung monotoner Tage ist. Tritt aber plötzlich Freundschaft oder Liebe auf den Plan, verschwindet dieses Gefühl der Langeweile sofort. Das Leben wird augenblicklich aufregend, spannend. Wir gehen aus uns heraus, endlich leben wir intensiv. Sartre definiert die menschliche Existenz als »Projekt« im ursprünglichen Sinne des lateinischen Wortes *proiectum* = »das nach vorne Geworfene«. Existieren bedeutet, immerzu vor uns selbst, aus uns selbst hinaus geworfen zu werden.

Begegnung ist ebenjenes Ereignis schlechthin, das mich *vor mich selbst wirft*, mich einlädt, aus mir herauszugehen, um mich der Zukunft zu verschreiben, der Welt – aber nicht um zu sein, sondern um zu werden. Die Begegnung mit einem Menschen gibt uns das Gefühl, intensiver zu leben, weil wir darin die Bewegung selbst seiner Existenz wiederfinden, was nach Sartre den Unterschied zum Leben eines Tieres ausmacht. Wir »sind« nicht so, wie das Tier »ist«. Das ist auch die Bedeutung des Titels von einem der Hauptwerke Sartres: *Das Sein und das Nichts*. Tiere und Dinge gehören dem »Sein« an. Sie *sind:* Sie sind, was sie sind. Der Mensch gehört dem »Nichts« an. Dieses Nichts ist nicht nichts, im Gegenteil, es kann alles werden. So schreibt Sartre: »Der Mensch ist [...] das, was er nicht ist, und ist nicht das, was er ist.« Er »ist nicht das, was er ist«: Er kann nicht auf irgendeine Essenz reduziert werden. Er »ist das, was er nicht ist«: Er kann zu allem werden, was er noch nicht ist. Nicht dem Sein anzugehören, sondern dem Nichts, ist also nichts Negatives; es bedeutet, frei zu sein. Doch um den Taumel dieser Freiheit zu erfahren, müssen wir aus uns herausgehen, handeln, uns erfinden, immer wieder neu erfinden, und wir sollten uns niemals von einem artifiziellen Seinskonzept bestimmen oder auf eine vermeintliche »Essenz« festnageln lassen, sei es unter genetischen, sozialen oder geschlechtsspezifischen Vorzeichen. Hierzu laden uns Begegnungen ein: Indem sie uns zum Staunen über uns selbst bringen und uns antreiben, über uns selbst hinauszugehen, ermöglichen sie uns, zu ermessen, dass wir nicht sind, was wir zu sein meinten; wir sind viel freier, als wir geglaubt haben. Jede Begegnung erinnert uns daran, dass wir nicht *sind*, sondern immerzu *werden*.

Wenn die Welt des Anderen uns in Staunen versetzt, uns die Verwirrung im Kern unserer Identität erfasst oder die Evidenz des gemeinsamen Vorhabens unsere Begeisterung beflügelt, wenn wir unsere Flügel wachsen spüren und die Lust zu handeln in uns erwacht, dann existieren wir im existenzialistischen Sinn des Wortes. »Existieren« kommt vom lateinischen *ex(s)istere*, zusammengesetzt aus der Vorsilbe *ex* = »aus, heraus« und *sistere* = »bestehen, (fest)stehen machen, (ein)stellen«. *Existere* bedeutet also heraustreten, hervortreten, sich erheben, entstehen. Existieren bedeutet mit anderen Worten, dass wir den Ort, an dem wir uns befanden, verlassen und heraustreten, dass wir außer uns sind, nach vorne geworfen werden, dem Anderen entgegen.

Jetzt verstehen wir Silvias Verwirrung in Marivaux' Komödie *Das Spiel von Liebe und Zufall* besser, von der sie erfasst wird, als sie sich in den Mann verliebt, den sie für einen Diener hält: Ihre Gefühle nehmen keine Rücksicht auf ihren Status, sie sieht sich ihrem sozialen Sein enthoben, sie lässt es hinter sich, sie fühlt sich *ex-sistieren*.

Auch den Taumel, der Adèle in jener Szene des Films von Abdellatif Kechiche erfasst, in der sie Emma mitten auf der Straße kreuzt, verstehen wir jetzt besser. Adèle existiert durch und durch; sie wird aus ihrem Sein, aus ihrer sexuellen Identität herausgerissen.

Endlich existieren Silvia und Adèle: Sie gehen aus sich heraus, und in dieser Bewegung, die sie über sie selbst hinausträgt, im Kern dieser Verwirrung, erreichen sie jene

Intensität, die das Zeichen für das mit allen Fasern gelebte Leben ist.

Dass Begegnungen uns ermöglichen, uns komplett neu zu erfinden und unsere Freiheit zu ergreifen, um ein anderer zu werden, hat seinen Grund darin, dass wir keine Essenz haben: Wir sind nicht die Verkörperung einer unumstößlichen Wahrheit, die uns determiniert, unsere Verwirklichung unterliegt keinem Plan, kein Model formt unsere Gestalt. Weil unsere Existenz tatsächlich unserer Essenz vorausgeht.

Das ist, mit Sartre, eine existenzialistische Lesart von Begegnung, die uns einlädt, uns von allen identitären Fesseln zu befreien, seien sie noch so bunt und anschmiegsam. Uns damit zu begnügen, wir selbst zu sein, ist durchaus komfortabel. Aber die Freiheit verlangt von uns, auf diese Annehmlichkeit zu verzichten. Nichts anderes wollte René Char wohl mit diesen poetischen Worten sagen: »Wir müssen uns außerhalb unserer selbst einrichten, am Rand der Tränen und im Orbit des Hungers, wenn wir wollen, dass etwas Außergewöhnliches geschehe, das nur für uns bestimmt war.« Aber wie sollen wir uns »außerhalb unserer selbst einrichten«? Das erscheint widersprüchlich, ja unmöglich. Aber nicht aus einer sartreschen Perspektive. Es geht sehr wohl darum, indem wir aus uns herausgehen, uns in unserer eigenen Freiheit, in unserer eigenen, eigentlich menschlichen

Wahrheit »einzurichten« – in einer Bewegung der steten Selbsterschaffung. Es geht sehr wohl darum, uns selbst durch den Anderen, durch die Begegnung mit dem Anderen zu finden.

»Sein bedeutet abhängig sein«, schreibt Alain mit kritischem Blick auf die Philosophie des Individualismus. Wir sind von den anderen abhängig, weil wir große Frühgeburten sind. Wir sind von den anderen abhängig, weil wir keine Essenz in Gott haben und uns gezwungenermaßen in der Intersubjektivität, im Kern unserer Begegnungen und Beziehungen erfinden müssen.

Daher wäre es zutreffender zu sagen: *Existieren* bedeutet abhängig sein. Sogar »gerne abhängig sein« und rückhaltlos ein Leben »außerhalb unserer selbst« umarmen. Das ist eine schöne Lektion der Begegnung und der Liebe gleichermaßen: Unsere Wahrheit ist nicht in uns, sondern zwischen uns.

BEGEGNUNG MIT DEM MYSTERIUM

EINE RELIGIÖSE LESART

Existieren bedeutet auch für Kierkegaard, dass wir aus uns herausgehen, aber nicht wie bei Sartre, um Freiheit zu erringen, sondern um auf Gott zuzugehen.

Hier stehen sich zwei Visionen des Existenzialismus gegenüber: eine atheistische, mit Sartre, und eine christliche, mit Kierkegaard, der allgemein als »Vater des Existentialismus« gilt. Der religiöse Ansatz beleuchtet eine wesentliche Dimension aller echten Begegnung, die weder der anthropologische noch der existenzialistische Ansatz wirklich berücksichtigen: Die Begegnung mit dem Anderen ist vor allem eine Begegnung mit seinem Mysterium.

Für Gläubige ist Gott eine Wesenheit, dem sie auf eine andere Weise begegnen als ihresgleichen. Diese Begegnung bedarf eines Glaubensaktes; sie ist eine Begegnung mit seinem Mysterium. Gott unmittelbar zu erfahren, ist unmöglich. Zu glauben bedeutet also, eine Gegenwart zu spüren, die gleichzeitig Abwesenheit ist; das unerschütterliche Gefühl der Gegenwart Gottes, ohne ihn jemals sehen oder berühren zu können. Gläubige nehmen die anderen und die Welt auf eine besondere Weise wahr: gleichsam durchdrungen, verklärt durch die Gegenwart ihres Schöpfers. Dies ist zweifellos ein guter Ausgangspunkt, um dem Anderen vorurteilsfrei zu begegnen und gleichzeitig zu akzeptieren, dass ein Teil von ihm rätselhaft bleibt.

Der Gläubige findet in jeder Begegnung seine Liebe zu Gott wieder, und jede von ihnen spricht von ihm. In der Begegnung drückt sich das Wunder dieser Wesenheit aus, ohne die nichts ist und die durch ihre Schöpfung und ihre Liebe die Begegnung möglich gemacht hat. Der Gläubige erkennt im Anderen ein Geschöpf Gottes, und die Liebe, die er gibt oder empfängt, die miteinander geknüpften Freundschaftsbande oder Vertrauensbeziehungen sind allesamt Zeichen für eine höhere Liebe.

Die maximale Intensität der Existenz, so Kierkegaard, wird durch den Glauben erreicht, der eine freie Entscheidung ist, ein »metaphysischer Sprung«, durch den der Gläubige sich seinerseits »außerhalb seiner selbst einrichtet«, sprich in Gott, im Reich Gottes. Diese Entscheidung ist nicht rational, weit von einem vernünftigen Entschluss entfernt. Indem ich auf den Glauben wette, erklärt Kierkegaard, werfe ich mich vor Gott, springe ich ins Unbekannte. In dieser rückhaltlosen, von keinem Netz gesicherten Bewegung existiere ich durch und durch, werde ich ich selbst. Hier wird deutlich, wie viel Sartre dem dänischen Philosophen verdankt, auch wenn er eine atheistische Version von dessen Philosophie unterbreitet und Gott durch die anderen ersetzt.

Wirkliche Existenz erfordert – für die atheistischen und die christlichen Existenzialisten gleichermaßen – diesen Sprung ins Ungewisse, diese radikale Öffnung für den Anderen, ob Mensch oder Gott.

»Der Mensch wird am Du zum Ich«, schreibt Martin Buber in seiner Schrift *Ich und Du.* Der 1878 in Österreich geborene israelische Philosoph ist trotz seines immensen Einflusses auf die Philosophie des 20. Jahrhunderts und insbesondere auf das Denken der Andersheit, das Husserl, Lévinas, Sartre oder Lacan entwickelt haben, weithin unbekannt geblieben.

Weil es diesen großen Anderen gibt, nämlich Gott, so Buber, ist die Beziehung zum anderen Menschen im höchsten Maße konstitutiv für unser Menschsein, für unsere Wahrheit als Mensch. Ich existiere vollends im Formulieren dieses »Du«, unabhängig davon, ob es sich an Gott oder an ein Individuum wendet. Ich nehme mich ab dem Moment als Subjekt wahr, in dem ich mich an den Anderen wende. An die Stelle von Descartes' »Ich denke, also bin ich« tritt nun: Ich wende mich dir zu, also existiere ich. Du sprichst mich an, du interessierst mich, du berührst mich, also existiere ich. Ich brauche diese Beziehung zu dir, um in vollem Maße zu realisieren, dass ich bin, was ich erlebe. Wenn ich mich dir, diesem Dialog mit dir in solcher Weise öffne, lässt dieser Akt dich in deiner ganzen Gegenwärtigkeit zutage treten und macht mir, aus derselben Bewegung heraus, meine Subjektivität bewusst.

Diese These Bubers ist nur zu verstehen, wenn ein Konzept hinzugezogen wird, das im Mittelpunkt seines Denkens steht: die »geistige Substanz«. Der Begriff »Substanz« verweist hier nicht auf eine Essenz, die sich im Kern unseres Seins befindet. Diese »geistige Substanz« ist in uns, gewiss, aber sie ist auch außerhalb von uns; sie ist die Bewegung an sich, die uns aus uns selbst herausträgt, gleichsam wie ein Impuls, eine Kraft, die uns zu den anderen drängt. Sie ähnelt damit weit weniger einer Essenz als vielmehr dem, was Sartre »Existenz« nennen wird.

Wir bringen diese »geistige Substanz«, so der Verfasser von *Ich und Du*, zum Ausdruck, wenn wir uns den anderen »zuwenden«. Um das zu begreifen, müssen wir das Wort buchstäblich verstehen: Wenn ich mich dir zuwende, ist das ein aktiver Vorgang, der uns – dich und mich – gleichzeitig der Gleichgültigkeit und Unbestimmtheit entreißt. Weil ich mich dir zuwende, existiere ich auf eine bestimmte Weise und lasse dich existieren. Unsere Begegnungen ermöglichen uns, indem wir uns den anderen zuwenden, durch das gemeinsame Bewusstsein voneinander, in größtmöglichem Maße zu existieren.

Hier wird deutlich, was Lévinas' Moralphilosophie Martin Buber verdankt: Mich für den Anderen verantwortlich zu fühlen, diesen Anderen, den ich nicht kenne und der kein Familienangehöriger ist, bedeutet, dass ich mich in aller Menschlichkeit, mit meinem ganzen Herzen und meiner ganzen Seele seinem Gesicht zuwende. Tiere kennen das nicht, jedenfalls nicht in einem solchen Maße. Ich kann mich dir in aller Freiheit, in aller Einfachheit, mit aller Liebe zuwenden, weil Gott eines Tages aus sich herausging, um uns existieren zu lassen – er sich den Menschen zuwandte. Diese Definition der »geistigen Substanz« gilt auch für Gott selbst. Dies brachte er zum Ausdruck, als er uns erschuf.

»Im Anfang ist die Beziehung«, behauptet Buber. Er legt damit ein anderes Verständnis der biblischen Formulierung »Im Anfang war das Wort« nahe. Weil Worte immer adressiert sind, wir immer zu einem anderen sprechen, postuliert dieser Vers aus dem Johannesevangelium die erste aller Beziehungen. Erst in der Beziehung, die durch Begegnung möglich wird, erscheint das »wirkliche Leben«, das der israelische Philosoph so oft beschwört: Ich fühle das Leben in mir pulsieren, wenn ich mich dem zuwende, was nicht ich ist – Gott, aber auch die Natur oder die anderen Menschen.

Wir können, so Buber, auch in der Begegnung mit einem Mann oder einer Frau das Verlangen nach Gott spüren, nach dem »ewigen Du«. In der intimen Berührung des Anderen entdecken wir unsere Verbundenheit und unsere Fähigkeit zu Liebe, Neugier und Verantwortung – sämtlich Öffnungsbewegungen – und bringen so unsere »geistige Substanz« zum Ausdruck. Das ist der ideale Weg für eine Begegnung mit Gott.

In seinem Vorwort zur französischen Übersetzung von *Ich und Du* fasst Gaston Bachelard diese These zusammen: »Unsere geistige Substanz ist nur in uns, wenn sie aus uns herausgehen kann. Aber das kann sie nicht einfach so, vage wie ein Geruch oder ein Fluidum. Sie muss sich einem Menschen darbieten, ein Du ansprechen.« Auch als Nichtgläubige können wir die Schwingungen dieser »geistigen Substanz« in uns spüren.

Der Glaube an einen Schöpfergott bietet einen idealen Rahmen, um die Kraft von Begegnung zu denken: Wenn wir unsere Existenz einem anderen verdanken, können wir uns unmöglich über unser Ego, unsere Autonomie definieren. Diese Einladung zur Bescheidenheit ist auch eine Einladung zur Begegnung: Vom ersten Augenblick an ist der Andere die Bedingung meines Seins. Die Wirkung unserer Begegnungen auf unser Leben überrascht uns immer wieder … Doch dieses Rätsel der Erschütterung, die der Andere in mir verursacht, wird zur Evidenz, wenn wir innigst daran glauben, dass wir nur durch den Willen eines anderen lebendig sind.

»Alles wirkliche Leben ist Begegnung.« Die Tragweite von Bubers Behauptung ist nun etwas besser zu verstehen. Wenn unser innigstes, geistigstes Wesen zum Ausdruck kommt, sobald wir uns dem *zuwenden*, was nicht wir selbst ist, dann ist Begegnung sehr wohl die Bedingung unserer wirklichen Existenz. Sie ist das Zeichen dafür, dass wir im stärksten Sinne des Wortes existieren und unsere »geistige Substanz« geweckt oder auferweckt haben. Das gilt für Gläubige, Agnostiker und Atheisten gleichermaßen.

BEGEGNUNG MIT DEM EIGENEN BEGEHREN

EINE PSYCHOANALYTISCHE LESART

Eine Frage bleibt noch: Was bringt uns in der echten Begegnung dazu, uns derart zu verändern? Sigmund Freud hat eine originelle Deutung dieses spezifisch menschlichen Wandlungsvermögens unterbreitet, indem er aufgezeigt hat, dass es eine Lebensenergie in uns gibt, die allzeit bereit ist, sich an neue Objekte zu heften.

Schon Platon erwähnt im *Gastmahl* ein unbewusstes Objekt unseres Begehrens (die Ewigkeit). In seinen *Neuen Abhandlungen über den menschlichen Verstand* spricht Leibniz von »kleinen unbewussten Perzeptionen«. Und Nietzsche lässt einige Jahre vor dem Erscheinen der ersten Schriften Freuds Zarathustra sagen, dass der größte Teil unserer psychischen Aktivität unbewusst ist. Die eigentliche Entdeckung Freuds ist also nicht das Unbewusste, sondern das *aktive* Unbewusste, das übrigens Nietzsche schon angedacht hatte. Diese unbewusste psychische Energie nennt Freud *Libido*. Seiner Hypothese zufolge entsteht sie durch die Verdrängung unserer asozialen, Sexual- und Aggressionstriebe. Diese Verdrängung findet hauptsächlich in den ersten Jahren unserer Kindheit statt, erfolgt aber letztlich unser Leben lang, während wir die Verbote unserer Kultur verinnerlichen. Dass wir diese Triebe verdrängen – oder »zensieren«, wie Freud auch schreibt –, bedeutet nicht, dass sie verschwinden, sondern nur, dass wir uns verboten haben, uns ihrer bewusst zu sein. Sie sind immer da, als Energie, die sich Ausdruck zu verleihen sucht, jedoch gezügelt, wie gefangen in einem Dampfkochtopf: Unentwegt fordern sie, was ihnen zusteht. Die Libido wirkt in uns und beschäftigt uns, seitdem wir zivilisierte Subjekte geworden sind und in hohem Maße auf unsere natürliche Aggressivität verzichtet haben.

Wenn wir jemandem begegnen, kann unsere Libido auf unterschiedliche Weise zum Ausdruck kommen, zum einen unmittelbar als sexuelles Verlangen oder sogar Aggressivität, zum anderen mittelbar als Interesse, Neugier oder romantische Schwärmerei. In diesem Fall spricht Freud von *Sublimierung*.

Die Sublimierung der Libido besteht in einer nichtsexuellen Befriedigung verdrängter sexueller Triebimpulse oder in einer nichtaggressiven Befriedigung verdrängter Aggressionstriebe. Unsere libidinöse Energie können wir in künstlerisches Schaffen, ästhetisches Empfinden, geistige Forschertätigkeit umwandeln, aber auch in höhere Gefühle für einen Menschen – Amour fou wie die zwischen George Sand und Alfred de Musset, »erhabene Freundschaft« wie die zwischen Picasso und Éluard – oder sogar in Hingabe, geistigen Elan, leidenschaftliche Neugier auf die Welt des Anderen …

Diese Sublimierung erklärt die Faszination für den Anderen – und die höchsten Gefühle, die damit einhergehen können – und zugleich den Wandel, den wir durch die Berührung mit ihm innerlich vollziehen. Die Libido ist eine Kraft der Verwandlung. Als Produkt der Verdrängung und unserer Umwandlung in zivilisierte Wesen lauert sie auf Objekte, an die sie sich heften und in die sie ihre Energie investieren kann. Dann bewirkt sie diese Veränderungen in uns.

Die freudsche Hypothese erhellt, was bei den Veränderungen am Werk ist, die unsere Begegnungen herbeiführen: Dass wir durch die Berührung mit anderen neue Begabungen entwickeln, uns für neue Weltanschauungen öffnen, geistig reger oder romantischer werden, gegenwärtiger oder engagierter, geschieht dank dieser sublimierten Energie unserer Libido. Unser »wirkliches Leben« als zivilisierte Wesen enthüllt sich hier: nicht in unseren Triebimpulsen, sondern in der Art und Weise, wie wir sie sublimieren.

Die Kraft der Libido drängt uns zwar zu den anderen, auch auf die Gefahr hin, sie manchmal zum reinen Objekt der Triebbefriedigung zu machen, dafür ermöglicht uns aber die Sublimierung, uns durch die Berührung mit ihnen neu zu erfinden, mit ihnen zusammen eine neue Geschichte zu schreiben, kurz ihnen wirklich zu begegnen.

»SEI DU SELBST, DIE ANDEREN SIND SCHON VERGEBEN«

Im Übrigen hat Freud ein anderes entscheidendes Phänomen in der Beziehung zum Anderen beleuchtet: die Identifizierung. Um wir selbst werden zu können, müssen wir uns mit mehreren Figuren der Andersheit nacheinander identifizieren.

Das Kleinkind, so Freud, »identifiziert sich« zuerst mit der Mutter: Eng an ihrer Brust liegend, hält es sich für sie und geht in ihr auf. Identifizierung ist mehr als Nachahmung: Sie ähnelt einer symbiotischen Verschmelzung, währt aber nur vorübergehend. Denn irgendwann kommt der entscheidende Augenblick, in dem das Kind sich von der Mutter unterscheidet und löst und sich mit einer anderen Figur identifiziert, zum Beispiel dem Vater. Im Laufe der Begegnungen wird jede neue Identifikationsfigur die vorhergehende ausradieren. So können etwa die ältere Schwester, der beste Freund, eine Lehrerin, der neue Lebensgefährte meiner Mutter aufeinanderfolgen. Mit jeder Person wiederholt sich, unbewusst, dasselbe Schema: Das Kind hält sich für die Figur, mit der es sich identifiziert, und wird eins mit ihr, bis zu dem Moment, in dem es realisiert, nicht diese Person zu sein. Jedes Mal, wenn es von Neuem daran scheitert, ein anderer zu sein, wird es ein Stück weit mehr es selbst. Das »Ich« in seiner einzigartigen Originalität bildet sich in diesem Spiel der aufeinanderfolgenden Identifizierungen und Brüche heraus und entdeckt sich als Subjekt. »Die Identifizierung ist eine sehr wichtige Form der Bindung an die andere Person, wahrscheinlich die ursprünglichste«, schlussfolgert der Wiener Denker im Band *Neue Folge der Vorlesungen zur Einführung in die Psychoanalyse*.

Ohne Begegnung mit anderen können wir unmöglich wir selbst werden. Diese Idee erscheint hier in einem neuen Licht. Um ich selbst zu werden, muss ich mich erst für einen anderen halten, bevor ich begreifen kann, dass ich nicht er bin. Aus ein und derselben Bewegung heraus begegne ich dem Anderen (mit dem ich mich identifiziere) und mir selbst (wenn ich begreife, dass ich nicht er bin). Als Boris Cyrulnik sich mit Émile, dem Lebensgefährten seiner Tante Dora, identifizierte, hielt er sich eine Zeit lang für Émile. In seinem Unbewussten, im Kern dieser Identifizierung, wurde er zu Émile. Er eignete sich dessen Interessengebiete an (Wissenschaft, Rugby usw.), projizierte sich hinein und sie wurden zu seinen eigenen Ambitionen. Doch je älter er wurde und den Prozess der aufeinanderfolgenden Identifizierungen durchlebte, insbesondere mit seinen Klassenkameraden, desto mehr wurde er zu Boris. Er begann Rugby zu spielen, aber mit seinem eigenen Talent und in einer anderen Position als Émile. Er wurde Wissenschaftler, aber in einer anderen Disziplin, der Psychiatrie. Er wurde er selbst, weil Émile zu sein unmöglich war.

»Sei du selbst, die anderen sind schon vergeben«, lautet ein bekanntes Bonmot von Oscar Wilde. Freud zeigt uns allerdings auf, dass es nicht schaden kann, sich eine Zeit lang für einen anderen zu halten, um wir selbst zu werden.

In *Ich und Du* unterscheidet Martin Buber zwischen »Individuum« und »Person«. Mit Individuum bezeichnet er jenen Teil unserer selbst, der unabhängig von unseren Beziehungen zu den anderen existiert (wie werden als »Individuum« geboren), mit Person das Subjekt, welches sich in Beziehungen zu anderen herausbildet und so seine »geistige Substanz« zum Ausdruck bringt. Als »Individuum«, das wir bei unserer Geburt sind, müssen wir uns folglich den anderen zuwenden, uns durch ihre Neugier und ihre Liebe an sie binden, um eine »Person« zu werden. Bubers Schrift *Ich und Du* erschien 1923, im selben Jahr wie Freuds Schrift *Das Ich und das Es.* Zu der Zeit lebten sie beide in Wien und waren sogar Nachbarn. Ihre Standpunkte, die sie in ihrem Briefwechsel vertraten, lagen weit auseinander – Buber war gläubig, Freud nannte Religion eine »universelle Zwangsneurose«, und trotzdem trafen sich die beiden Denker verwirrenderweise in dieser Frage der Beziehung zum Anderen. Für den Mystiker wie für den Psychoanalytiker steht die Begegnung mit dem Anderen im Mittelpunkt des menschlichen Abenteuers.

Den Arbeiten Freuds ist es zu verdanken, dass wir uns besser erklären können, warum bestimmte Menschen zuweilen eine seltsame Anziehungskraft auf uns ausüben – nämlich insbesondere weil unsere Begegnungen einen Bezug zu unserer Kindheit oder sogar frühesten Kindheit haben.

Wie Descartes am 6. Juni 1647 in einem Brief an Chanut, besser bekannt als Elisabeth von der Pfalz, schreibt: »Zum Beispiel, als ich Kind war, liebte ich ein Mädchen meines Alters, das ein wenig schielte; dadurch verband sich der Eindruck, der sich durch das Sehen in mein Gehirn prägte, als ich ihre abweichenden Augen sah, so sehr mit dem Eindruck, der sich ebenfalls in mein Gehirn prägte, um in mir die Leidenschaft der Liebe anzuregen, daß ich mich lange danach beim Anblick schielender Personen geneigter fühlte, eher sie als andere zu lieben, aus dem einzigen Grunde, daß sie diesen Mangel hatten; und ich wußte jedoch nicht, daß es deswegen war.«

Wir alle sind von unseren ersten Begegnungen geprägt. Sie schreiben sich dauerhaft in uns ein und bedingen unsere späteren Begegnungen. Unsere Sensibilität hat eine Geschichte, deren Anfänge bestimmend sind. Freud erklärt, dass wir als Erwachsene bestimmte Szenarien oder Emotionen aus unserer Kindheit nachspielen, allerdings indem wir sie übertragen. Wir fühlen uns angezogen von dem, was der vertrauten, Halt und Geborgenheit gebenden Welt unserer ersten Lebensjahre ähnelt, wobei diese Anziehung unbewusst ist, wie schon Descartes – sehr modern – bemerkt hat: »und ich wußte jedoch nicht, daß es deswegen war«.

In der Kindheit heftet sich unsere libidinöse Energie an die Formen unserer Umgebung. Das kann wie bei Descartes das Gesicht eines Mädchens sein, die Form des schwebenden Mobiles über unserer Wiege, der Faltenwurf des Vorhangs in unserem Zimmer, das fast eckige Kinn unseres Teddybären oder die Rundung der Brust unserer Mutter. Das würde erklären, warum wir uns als Erwachsene von bestimmten Formen, einem bestimmten Schönheitstyp oder sogar bestimmten Körperpartien angezogen fühlen, die mitunter zur erotischen Obsession werden. Wir versuchen, an unsere ersten Emotionen anzuknüpfen, an jene ersten Objekte, an die sich unsere Libido geheftet hat.

Auch die These vom Ödipuskomplex erhellt diese starke Prägung in der Zeit unserer ersten Lebensjahre. Freud zufolge fühlen wir uns sexuell zu unserem andersgeschlechtlichen Elternteil hingezogen und rivalisieren mit dem gleichgeschlechtlichen Elternteil, dessen Tod wir uns symbolisch und unbewusst wünschen, um in den Genuss der ausschließlichen Liebe des Ersteren zu kommen. Dieser Ödipuskomplex löst sich dann auf, wenn wir, immer noch unbewusst, akzeptieren, die Liebe des andersgeschlechtlichen Elternteils zu »teilen«: Dieser kann uns glücklich machen, selbst wenn er den anderen Elternteil (auf eine andere Weise) liebt. Als Erwachsene finden wir uns, ohne es zu wissen, auf dieser ödipalen Bühne wieder, wenn wir in Liebesbeziehungen oder manchmal Freundschaften Eifersuchtsanfälle oder Angst vor dem Verlassenwerden haben und diese heftigen Gefühle uns zu überwältigen drohen. Freud wurde zu Recht vorgeworfen, den Ödipuskomplex zur universellen Wahrheit der *Conditio humana* erheben zu wollen, obwohl er in Kulturen, wo die Familie nicht um die Vater- und Mutterfigur strukturiert ist, gar nicht greift. Ein Pionier bleibt er aber allemal, hat er doch in eine Theorie gegossen, was zahlreiche Schriftsteller und Denker nach Descartes' Vorbild festgestellt hatten: Unsere Begegnungen tragen den Abdruck von Anfangsmomenten, an die wir uns oftmals nicht bewusst erinnern können. Daher das seltsame Gefühl eines rätselhaften Wiederfindens von etwas Bekanntem, zu dem sich mitunter das Gefühl des Nichtbegreifens gesellt.

Wie Freud ebenfalls erkannt hat und was die Arbeiten der österreichisch-britischen Psychoanalytikerin Melanie Klein oder von Jacques Lacan später bestätigen sollten, wird dem Kind Gewalt angetan, wenn es von der Mutter getrennt wird. Das brutale Ende der symbiotischen Mutter-Kind-Beziehung, das Lacan zufolge mit dem Spracherwerb eintritt, wird als schmerzliche Trennung erfahren. Dadurch entsteht ein Mangel, der niemals kompensiert werden kann, und setzt eine beständige Suche nach einem Objekt des Begehrens ein, um ihn auszugleichen. Lacan nennt dieses unerreichbare, phantasierte Objekt, das den Mangel in uns aufwiegen soll, den die Trennung wie ein tiefer Abdruck hinterlassen hat, »Objekt klein a«. Mit dieser Hypothese macht Lacan uns zu Wesen des Begehrens, die von einem Bedürfnis nach Liebe getragen werden, das unmöglich zu befriedigen ist; aber auch zu neugierigen, schöpferischen Wesen, die den anderen, der Welt und allen Begegnungen, die ein Leben bieten kann, zugewandt sind. Manchmal können wir uns des Eindrucks nicht erwehren, wenn wir uns verlieben zum Beispiel, an diese anfängliche symbiotische Beziehung anzuknüpfen; jedenfalls kann uns nichts davon abbringen, das zu glauben. Trotzdem müssen wir früher oder später akzeptieren, dass ein erwachsener Mensch so nicht lieben und geliebt werden kann. Obwohl unsere Begegnungen von der Suche nach dem »Objekt klein a« geprägt sind, ist die Tatsache, dass es nicht existiert, eine gute Nachricht; seine Abwesenheit macht unser Leben spannend und unseren Durst nach dem Anderen unstillbar.

Die Hypothese Freuds ließe sich auf folgende Formel bringen: Wir sind die Kinder unserer Kindheit und der Kindheit unserer Eltern. So können wir Muster erben, die der Familienvergangenheit angehören und sich manchmal über mehrere Generationen hinweg wiederholen. Wie wir unsere Begegnungen erleben, unterliegt dem Einfluss dieser Vergangenheit, der Begegnung unserer Eltern bei unserer Geburt, ob gewollt oder nicht, und darüber hinaus sogar der Erlebnisse unserer Großeltern. Sie alle stellen unser inneres, psychologisches Erbe dar. Ein Beispiel: Ein Mann begreift nicht, warum er systematisch die Frauen hintergeht, die er liebt, auch auf die Gefahr hin, sie zu verlieren. Dieses »angeborene« Verhalten hat vielleicht etwas mit der Beziehung zu Frauen eines Großvaters zu tun, den er kaum gekannt hat … Oft entgehen uns die Bedeutung und Tragweite unserer Begegnungen, weil sie dem Einfluss eines unbewussten Erbes unterliegen. Das »wirkliche Leben« des Menschen ist auch das: ein individuelles Leben, das in eine Familiengeschichte, eine Genealogie eingebunden ist.

Lacan geht sogar noch weiter und behauptet, unsere Ambitionen, unser wahres Begehren, unsere eigene Angelegenheit, wie er es nennt, seien das Erbe unserer Vergangenheit, da unsere Familiengeschichte sich uns mit der Kraft eines Schicksals aufdränge. Mein innigster Wunsch – beruflich erfolgreich, als feiner Mensch geschätzt oder als Künstlerin anerkannt zu sein – hängt demnach weniger von meinen Begegnungen und meinem bewussten Willen ab als davon, was in meiner Vergangenheit geschehen ist, in meiner frühen Kindheit ebenso wie vor meiner Geburt. Wir sind im Netz eines Familienschicksals gefangen, das uns in einem Maße bestimmt, dass selbst die außergewöhnlichsten Begegnungen uns nicht ausscheren lassen. Diese Begegnungen bieten uns bestenfalls die Gelegenheit, uns unserem Wunsch zu nähern, einem Wunsch Gehör zu geben, der schon da war, den die Vergangenheit unserer Familie uns in den Leib oder, genauer, unserem Unbewussten eingeschrieben hat. Selbst die Begegnung mit der Einzigartigkeit des Anderen in einer Liebesbeziehung vermag gegen die Wiederholung eines Musters aus der Vergangenheit, an dem eine ganze Familiengeschichte hängt, nichts auszurichten. Sollten wir unser Begehren erben wie ein Schicksal und dermaßen von unserem Unbewussten getrieben sein, dann wäre Begegnung tatsächlich unmöglich.

Eine solche Lesart der Arbeiten Freuds mag übertrieben erscheinen. Wir konnten feststellen, dass Begegnungen uns verwandeln und neue Wünsche in uns zu wecken vermögen. Wir werden durch unsere Vergangenheit konditioniert, aber nicht determiniert. Unsere Vergangenheit und unsere Familiengeschichte zu kennen und die Wirkung dieses vermeintlichen »Schicksals« zu analysieren, kann tatsächlich Begegnungen begünstigen und uns helfen, sie bewusster zu leben und dabei auch freier zu sein. Unsere Konditionierung zu analysieren und zu verstehen, ist der erste Schritt hin zur Befreiung. Kehren wir zum Beispiel des untreuen Mannes zurück, der unwissentlich ein Familienmuster reproduziert, das er von seinem Großvater geerbt hat. Wenn er im Laufe einer Analyse den unbewussten Wiederholungsprozess aufdeckt, dessen Opfer er ist, wenn ihm klar wird, wie sehr die Vergangenheit in ihm arbeitet, die sich in seinen Trieben Bahn bricht und seine Symptome bestimmt, wenn er es schafft, die Fäden seiner Geschichte zu entwirren, dann kann er sich befreien und sich ändern. Vielleicht entdeckt er, dass sein eigentlicher Wunsch ist, treu zu lieben – oder Polyamorie oder offene Beziehungen sein Weg sind. Seine Liebesbeziehungen werden besser und ehrlicher sein, weil er klarer sieht, was in ihm arbeitet.

Das Gute an der Psychoanalyse ist, dass sie uns daran erinnert, dass wir angesichts unseres Begehrens nicht allein sind. Zwischen meinem Begehren und mir sind die anderen: die Vorgänger in meiner Familie und all diejenigen, mit denen ich mich identifizieren werde. Mein Begehren beruht in erster Linie auf Nachahmung. Ich begehre, was die anderen wollen, bis mir bewusst wird, dass mein Wunsch tatsächlich ein anderer ist, und ich mich langsam dem nähere, was mir wichtig ist, wonach ich mich persönlich sehne. Durch die Kenntnis unserer selbst können wir gewahr werden, was sich in unseren Begegnungen abspielt, und sie intensiv leben, frei von Vergangenheit, offen für die Zukunft. Die Psychoanalyse steht in der Kritik, den Fokus zu stark auf die Vergangenheit zu legen. Wir sollten sie hinter uns lassen und nach vorne schauen, wiederholen ihre Gegner um die Wette. Doch wie sollen wir uns in der Zukunft zurechtfinden, wenn wir nicht wissen, woher wir kommen? Unsere großen Begegnungen fordern uns doppelt heraus: Erst reißen sie uns samt unserer ganzen Vergangenheit mit sich und lassen sie, oft unbewusst, hochkommen, dann katapultieren sie uns in die Zukunft. Sie geben uns die Gelegenheit, unser Begehren besser zu verstehen, das immer ein komplexes Gemisch ist. Teilweise ist es das Produkt unserer Vergangenheit, teilweise das Werk unserer Begegnungen. Es ist ein Erbe, aber auch eine Gründung. Jede echte Begegnung ist eine Begegnung mit dem eigenen Begehren.

DEM ANDEREN BEGEGNEN, UM SICH SELBST ZU BEGEGNEN

EINE DIALEKTISCHE LESART

Dass Begegnung Verwandlungskraft besitzt, ist eine schöne Idee, die wir mit Aristoteles, Sartre, Buber und Freud untermauert haben. Sie ist aber auch kritikwürdig: Wenn ich im Anderen ein Mittel für mein persönliches Fortkommen sehe, instrumentalisiere ich ihn dann nicht im Dienst meiner Perfektibilität? Wird er von mir nicht *assimiliert*, damit ich einen Vorteil aus unserer Beziehung ziehen kann, statt dass ich ihm in seiner irreduziblen Unterschiedlichkeit, seiner Andersheit begegne? Kurzum, bin ich nicht gerade dabei, unsere Begegnung zu vermasseln?

Diese Kritik findet sich unter anderen bei François Jullien in seinem Büchlein *Warum man nicht mehr »ich liebe dich« sagen sollte.* »Wenn sich eine Begegnung zu verfestigen beginnt, wird es eine Beziehung: der Andere ist dann nicht mehr anders; er hat sich von mir assimilieren lassen, er gerät in meine Perspektive. Die *Begegnung* ist dann unter der *Beziehung* vergraben, hat sich in sie verflüchtigt. Die guten Romane haben das zu analysieren gewusst: Wenn sich die Begegnung zu einer Beziehung verfestigt, geht die Andersheit verloren. [...] Und deshalb bleibt in einer Begegnung der Andere anders. Das der Begegnung Eigene ist, dass man dabei von dem Anderen *aus den Angeln gehoben wird.* Vielleicht hat die klassische Philosophie die Begegnung deshalb nicht gedacht, weil sie vor allem die Autonomie des Subjekts gedacht hat, die von einer Begegnung überholt wird.«

François Jullien unterscheidet somit zwischen Begegnung (mit einer Andersheit, die von mir nicht assimiliert wird) und Beziehung (die interessengeleitet ist und in der ich mich vom Anderen nähre). Begegnung bewirkt, so der französische Philosoph, dass wir uns unserer Identität entäußern; angesichts des plötzlichen Auftauchens der Unterschiedlichkeit des Anderen sind wir nicht mehr wir selbst. Es geht also nicht so sehr darum, »in Beziehung zu treten«, sondern darum, dass wir uns von der Begegnung überwältigen oder »aus den Angeln heben« lassen und den Schock der Entdeckung einer Andersheit erfahren, die in ihrer Radikalität bestürzend ist. Das erklärt auch den Titel *Warum man nicht mehr »ich liebe dich« sagen sollte:* Durch das Phänomen der Begegnung ist das »Ich« nicht mehr es selbst. Die Erschütterung, das Überwältigtsein ist derart, dass meine Identität verloren geht; »ich« verweist nicht mehr auf eine bekannte Wirklichkeit.

Die Idee, dass meine Beziehung zum Anderen mich nährt und mich selbst besser kennenlernen lässt, die der philosophischen Reflexion dieses Buches zugrunde liegt, wäre damit infrage gestellt. Wenn François Jullien schreibt, dass »der Andere dann nicht mehr anders« ist, weil er »sich von mir assimilieren« lässt, nimmt er die klassische westliche Philosophie im Allgemeinen und die hegelsche Philosophie im Besonderen ins Visier. In der dialektischen Philosophie Hegels wird der Unterschied des Anderen letztlich in das Werden des Subjekts integriert: Am Ende »gerät« er tatsächlich »in seine Perspektive«, weil es sich durch die Berührung mit ihm konstruiert.

GANZ ENG AM ANDEREN

Als wir das objektivste Zeichen von Begegnung in der Veränderung ausmachten, die sie bewirkt, waren wir Hegelianer. Die Begegnungen von Maria Casarès und Albert Camus oder die von Éluard und Picasso haben wir so interpretiert, wie es der Denker von Jena getan hätte. Camus verändert sich durch die Berührung mit Maria: Das überwältigende Staunen über ihre Andersheit ist nur die erste Etappe ihrer Beziehung, die ihn nähren und wachsen lassen wird. Picasso verändert sich durch die Berührung mit Éluard: Er bewundert seine Unterschiedlichkeit und integriert sie dann, macht sie sich zu eigen, indem er sich als Künstler und Mensch engagiert, eine bessere Version seiner selbst wird. Der Leitfaden unseres Denkens ist sehr wohl ein hegelscher, das heißt ein dialektischer: Wir müssen dem begegnen, was nicht wir selbst ist, um wir selbst zu werden. Der Verfasser der *Phänomenologie des Geistes* verwendet übrigens den Ausdruck »Rückkehr in sich selbst«: Gott *kehrt*, nachdem er die Erfahrung des Andersseins der Natur gemacht hat, mit einem größeren Bewusstsein der eigenen Wahrheit *in sich zurück*. Am Anfang ist zwar die Begegnung, gekennzeichnet durch die Bewegung des *Aus-mir-Herausgehens* und meiner Faszination, die eine Weile anhält, aber irgendwann kommt der Moment, in dem ich *in mich zurückkehre*, in dem ich diese Begegnung in meine Geschichte integriere, etwas daraus mache für mich, in mir.

Dieses Konzept von Begegnung ist, François Jullien zufolge, symptomatisch für eine westliche Philosophie, die den Fokus zu stark auf unser Werden als Subjekt lenkt und Begegnung permanent »dialektisieren« und im Sinne von Beziehung instrumentalisieren will. Wir Menschen des Westens seien kaum fähig, den Anderen in seiner ganzen Andersheit zu lassen, ihm seinen wahren Platz zuzubilligen.

Die radikale Kritik von François Jullien hat das Verdienst, eine Grenze des klassischen westlichen Denkens aufzuzeigen. Die Definition des menschlichen Subjekts als autonomes Bewusstsein und Herr seiner selbst lädt nicht gerade zur Begegnung mit dem Anderen ein. Descartes' berühmter Grundsatz »Ich denke, also bin ich« lässt tatsächlich kaum Platz für den Anderen, wie wir gesehen haben. Als weiteres Beispiel lässt sich Sokrates anführen, der »Vater der Philosophie«, den Platon in seinen Dialogen in Szene setzt. Der Philosoph, so scheint es, begegnet hier nicht wirklich der Andersheit des Anderen, sondern schlicht Argumenten, die nützlich sind, um die eigenen Überlegungen vor(an)zubringen.

Hegel hier den Prozess zu machen, fällt hingegen schwer. Die Erfahrung des Andersseins nimmt einen zentralen Platz in seiner Philosophie ein, außerdem ist bei ihm der Unterschied des Anderen weit davon entfernt, nur ein Element zu sein, das integriert oder assimiliert werden muss. Bei Hegel findet sich die Idee des Mangels als konstitutives Grundmerkmal des Menschseins. Sein Gegenstand ist nicht mehr die Ewigkeit wie bei Platon, auch nicht die Liebe wie bei Freud, sondern das Anderssein an sich. Ein Charakteristikum des Menschen ist das nicht zu unterdrückende Bedürfnis nach Begegnung mit dem Anderen. Diese Begegnung geht natürlich mit einem Prozess des Sich-selbst-Kennenlernens und der Selbsterkenntnis einher, der zu einer »Rückkehr in sich« führt, doch François Jullien verschweigt etwas

Wesentliches: Diese »Rückkehr in sich« kann nicht stattfinden, wenn die Begegnung mit dem Anderen zunächst kein Schock, keine Erschütterung, keine echte Erfahrung seiner Unterschiedlichkeit ist.

Noch schwerer scheint es, allen anderen Autoren den Prozess zu machen, die wir herangezogen haben – Buber, Freud, Lévinas, Sartre … – und die alle von Hegel beeinflusst wurden. Jeder von ihnen lädt uns mit dem ihm eigenen Feinsinn zum Nachdenken über den zentralen Platz des Anderen in unserem Leben ein. Und sie sprechen eher vom Ende des selbstzentrierten und autonomen Subjekts. Wir sind abhängig von den anderen: für Martin Buber, um unsere geistige Wahrheit zum Ausdruck zu bringen; für Lévinas von der Erfahrung ihres Gesichts, um uns als verantwortliche Menschen zu entdecken; für Sartre von ihrem Blick, um unsere Freiheit zu erfinden … Wir finden eine dialektische Lesart bei ihnen wieder, die auf den hegelschen Einfluss verweist: Nur durch den Anderen können wir uns unseres Menschseins gewachsen zeigen. Für Buber, Freud, Lévinas und Sartre, aber auch für Husserl, Merleau-Ponty und Derrida gilt: Durch die Berührung mit dem Anderen, ganz eng am Anderen, kann ich mich zu entdecken hoffen. Kurzum, seit Hegel ist die westliche Philosophie nicht mehr jene Philosophie des autonomen Subjekts, die François Jullien kritisiert. Das scheint die große Lektion der Philosophie des 20. Jahrhunderts zu sein: Der kürzeste Weg zu mir selbst führt über die anderen.

Als Adèle am Beginn des Films von Abdellatif Kechiche Emma begegnet, wird sie aus der Fassung gebracht, ihrer selbst enthoben: Sie erlebt eine Begegnung in dem Sinne, wie sie François Jullien unterbreitet. Doch dieses Ereignis wird sich in eine Beziehung im hegelschen Sinne verwandeln: Sie wird sich von der Unterschiedlichkeit Emmas nähren und mitten in der Erfahrung des Andersseins sie selbst werden. Diese Beziehung wird die anfängliche Begegnung nicht infrage stellen. Das Gleiche gilt übrigens auch für Emma, die sich ihrerseits durch die Berührung mit Adèle verändern wird. Die Unterschiedlichkeit des Anderen zu integrieren und sie in der persönlichen Geschichte zu nutzen, bedeutet nicht, sie zu negieren, sondern vielmehr, sie zu achten und anzuerkennen. »Wenn sich die Begegnung zu einer Beziehung verfestigt, geht die Andersheit verloren«, schreibt François Jullien. Die schönen Liebes- und Freundschaftsgeschichten zeigen im Gegenteil, dass diese Andersheit fortdauert, wenn auch in unreiner Form, da sie in das Leben des Subjekts integriert wird.

Die Termini, die François Jullien verwendet, um die Wirkung von Begegnung zu beschreiben – aus den Angeln heben, aus der Fassung bringen, seiner selbst entheben –, veranschaulichen den Schock der Begegnung. Er beklagt, dass eine solche Begegnung sich zu einer Beziehung verfestigt, in der der Andere aufhört, sich mir zu entziehen, und »in meine Perspektive gerät«. Doch wenn Begegnung sich nicht in Beziehung verwandelt, ist fraglich, wie eine Fortsetzung überhaupt aussehen könnte. Es ist unmöglich, auf Dauer vom Anderen aus der Fassung gebracht und überwältigt zu sein wie am ersten Tag. Das bedeutet nicht, dass die Unterschiedlichkeit des Anderen mich nicht länger faszinieren würde. Sie fasziniert mich sogar umso mehr, als ich ihn immer besser kenne, ohne dass er dadurch weniger rätselhaft für mich werden würde. Im Übrigen, wenn ich vom Anderen gar nichts verstehen würde, dürfte ich mich irgendwann von ihm abwenden. Die Tatsache, dass ich mich vom Anderen nähre, dass ich eine Beziehung zu ihm unterhalte, hindert mich nicht daran, weiter über seine Andersheit zu staunen und sie geduldig »bis in alle Winkel zu erkunden«, um es mit den Worten von Alain Badiou zu sagen.

Weil ich dir begegne, behauptet François Jullien, weiß ich nicht mehr, wer ich bin.

Weil ich dir begegne, behauptet Hegel, kann ich ich selbst werden und wissen, wer ich bin.

Ihre Positionen sind nicht notwendigerweise unvereinbar. Nur hat eben jedes Ding seine Zeit.

Es gibt eine Zeit für den Anfangsschock und eine Zeit, um ihn zu assimilieren. Eine Zeit, um überwältigt zu sein, und eine Zeit, um zu handeln und auf Abenteuerreise durchs eigene Leben zu gehen. Eine Zeit, um sich zu vergessen, und eine Zeit, um in sich zurückzukehren.

Im Übrigen finden wir diese Zeitlichkeit in den verschiedenen Zeichen der Begegnung wieder, die wir analysiert haben. Verwirrung verweist auf die Anfangszeit der Begegnung, jenen Schock, in dem ich mich verliere. Die Erfahrung der Andersheit und die Tatsache, dass ich mich verändert habe, zeigen, dass die Begegnung sich in eine Beziehung verwandelt hat. Sie »verfestigt sich« nicht zu einer Beziehung, wie François Jullien mit negativem Unterton schreibt: Sie setzt sich fort, verwandelt sich in Beziehung. Wenn die Berückung in eine Beziehung mündet, die mich verwandelt – ist das nicht ein genauso schönes und besonderes Ereignis wie der Anfangsschock?

Wir könnten übrigens François Jullien mit seiner eigenen Argumentation schlagen: Wenn ich mich nicht verändert habe, die Andersheit des Anderen nicht assimiliert habe, dann gerade deswegen, weil mich seine Unterschiedlichkeit nicht genügend verwirrt hat – ich ihm nicht *begegnet* bin.

Natürlich *interessiert mich* der Andere im erhabensten Sinne des Wortes. Er interessiert mich sogar doppelt. Zum einen als Anderer, wie François Jullien ihn beschreibt, als Mensch, der mich berückt und sich mir entzieht. Zum anderen als Gelegenheit, um mich weiterzuentwickeln, wie das dialektische Denken Hegels aufzeigt. Wir interessieren uns für den Anderen, wie wir uns für das Leben und seine Möglichkeiten interessieren: aus Neigung, Anziehung, Neugier.

Du interessierst mich, weil du anders bist und weil ich durch die Berührung mit dir ein anderer, eine andere werden kann. Wie allen Faktoren Rechnung tragen? So ist das wirkliche Leben: Mitten in der Begegnung ist es mitunter unmöglich, die interesselose Faszination für den Anderen von dem Gefühl zu trennen, dass mein Leben sich durch ihn verändern wird.

SCHLUSS

»Was interessieren mich die Blumen und die Bäume, das Feuer und der Stein, wenn ich ohne Liebe und ohne Heim bin! Man muss zu zweit sein – oder, zumindest, leider!, zu zweit gewesen sein –, um einen blauen Himmel zu verstehen, um ein Morgenrot zu beschreiben! Die unendlichen Dinge wie Himmel, Wald und Licht finden ihre Namen nur in einem liebenden Herzen«, schreibt Gaston Bachelard in seinem Vorwort zur französischen Übersetzung von *Ich und Du* von Martin Buber.

Mit poetischem Feinsinn bringen diese schönen Worte die in Bubers Schrift vertretene These auf den Punkt: Die Entdeckung des Anderen und mehr noch seine ständige Wiederentdeckung in der Tag für Tag *fortgeführten* Begegnung ist eine Verabredung mit uns selbst und zugleich Begegnung mit der Welt. Wenn wir uns verlieben, wenn eine Freundschaft entsteht, nehmen wir die Blumen und die Bäume, das Feuer und den Stein anders wahr als vorher. Sie erscheinen uns in einem anderen Licht, weil wir sie mit den Augen des Anderen anschauen, weil sie zu den unsrigen werden. Diese Liebe, diese Freundschaft haben uns gegenwärtiger gemacht. Die ganze Welt bietet sich uns in einem neuen Glanz dar. Es fühlt sich an, als würden wir im wahrsten Sinne des Wortes neu geboren.

Ein Wunder ist hier aber nicht am Werk. Von Begegnungen wird manchmal gesagt, sie hätten das Leben »erfüllter« gemacht – ganz so, als hätte der Andere eine Leerstelle in uns ausgefüllt, jenen Mangel, von dem die Philosophen sprechen und der unser Menschsein bestimmt: das Unfertige für Aristoteles, die Notwendigkeit eines Gottes für Kierkegaard oder Buber, das Bedürfnis nach Liebe für Freud oder Lacan, das Verlangen nach Anerkennung für Hegel. Wir Menschen sind aus diesen Mängeln gemacht, aus einer anfänglichen Unvollständigkeit und dem Bedürfnis, sie zu beheben. Unsere Begegnungen, so wirkungsreich, so verwirrend sie auch sein mögen, werden dies niemals ganz schaffen, aber umso besser: Wir werden das »wirkliche Leben« weiter herbeisehnen, lieben und leben.

Jetzt, da dieses mit allen Fasern gelebte »wirkliche Leben« uns ein bisschen vertrauter ist und wir es besser kennen, begreifen wir, wie viel es der Kraft verdankt, die unseren Begegnungen innewohnt. Es hängt ganz und gar ab von der Bewegung hin zum Anderen, von der Projektion in die Welt, von dem Drang, das Mysterium der Andersheit zu erhellen oder durch andere unser eigenes Begehren zu entdecken. Dieses Leben ist voller Überraschungen, Erschütterungen, Staunen: Die Unterschiedlichkeit des Anderen macht uns oft sprachlos, manchmal sogar ratlos. Doch der Ruf des Abenteuers ist lauter als unsere Ängste, wir müssen die Ungewissheit umarmen, riskieren, improvisieren. Darauf zu hoffen, wir könnten wir selbst werden, ohne aus uns herauszugehen und ohne anderen zu begegnen, ist zwecklos.

Immer, wenn wir einen anderen Menschen entdecken und den Eindruck haben, wieder in die Gänge zu kommen und wieder aufzuleben, fühlen wir – im Herzen der Wirklichkeit – die Gegenwart einer pulsierenden Kraft, die nichts anderes ist als das Leben selbst.

Allein sind wir nichts, allein haben wir keinen eigenen Wert, allein werden wir nichts. Aber dir zu begegnen, reicht aus, damit alles beginnt.

DIE WERKE, DIE DIESES BUCH GEMACHT HABEN

TEIL 1
DIE ZEICHEN DER BEGEGNUNG

Zitierte Werke

Aristoteles: *Nikomachische Ethik*, hrsg. und aus dem Altgriechischen übers. von Ursula Wolf, Rowohlt, Reinbek bei Hamburg [7]2018

Alain Badiou / Nicolas Truong: *Lob der Liebe*, aus dem Französischen übers. von Richard Steurer-Boulard, Passagen Verlag, Wien, 2., überarbeitete Auflage 2015

Tania Blixen: *Jenseits von Afrika*, aus dem Dänischen übers. von Gisela Perlet, Manesse-Verlag, Zürich 2012 – *Schicksalsanekdoten*, aus dem Englischen übers. von W. E. Süskind, Rowohlt, Reinbek bei Hamburg 1998

Christian Bobin: *Pierre*, Gallimard, Paris 2019

Albert Camus: *Der Fall*, aus dem Französischen übers. von Guido G. Meister, Rowohlt, Reinbek bei Hamburg [42]2010 – *Der Fremde*, aus dem Französischen neu übers. von Uli Aumüller, A. Springer, Berlin 2011 – *Der Mensch in der Revolte. Essays*, aus dem Französischen übers. von Justus Streller, neu bearb. von Georges Schlocker unter Mitarbeit von François Bondy, Rowohlt, Reinbek bei Hamburg 1994 – *Hochzeit des Lichts*, aus dem Französischen übers. von Peter Gan und Monique Lang, Arche Literatur Verlag, Hamburg/Zürich [3]2010 – *Tagebücher* 1935–1951, aus dem Französischen übers. von Guido G. Meister, Rowohlt, Reinbek bei Hamburg 1972

Albert Camus / Maria Casarès: *Schreib ohne Furcht und viel. Eine Liebesgeschichte in Briefen* 1944–1959, aus dem Französischen übers. von Claudia Steinitz, Andrea Spingler und Tobias Scheffel, Rowohlt, Hamburg 2021

Emmanuel Carrère: *Alles ist wahr*, aus dem Französischen übers. von Claudia Hamm, Matthes & Seitz, Berlin 2014 – *Das Reich Gottes*, aus dem Französischen übers. und mit einem Nachwort von Claudia Hamm, Matthes & Seitz, Berlin 2016

René Char: *La Parole en archipel*, Gallimard, Paris 1962, daraus das Gedicht »Nous avons«

Émilie du Châtelet: *Rede vom Glück. Discours sur le bonheur*, hrsg. und aus dem Französischen übers. von Iris Roebling, Friedenauer Presse, Berlin [8]2019

Albert Cohen: *Die Schöne des Herrn*, Roman, aus dem Französischen übers. von Helmut Kossodo, grundlegend überarb. von Michael von Killisch-Horn, Klett-Cotta, Stuttgart [3]2013

Boris Cyrulnik: *Rette dich, das Leben ruft!*, aus dem Französischen übers. von Hainer Kober, Ullstein Verlag, Berlin [3]2019

Paul Éluard: *Donner à voir*, Gallimard, Paris 1939

Georg Wilhelm Friedrich Hegel: *Phänomenologie des Geistes*, hrsg. von Heinrich Clairmont und Hans Friedrich Wessels, Felix Meiner Verlag, Hamburg 1987

Emmanuel Lévinas: *Schwierige Freiheit. Versuch über das Judentum*, aus dem Französischen übers. von Eva Moldenhauer, Suhrkamp Verlag, Frankfurt am Main 2017

Marivaux: *Das Spiel von Liebe und Zufall. Komödie in drei Akten*, aus dem Französischen übers. von Gerda Scheffel, Reclam, Ditzingen 1992

Platon: *Menon*, Griechisch/Deutsch, hrsg. und aus dem Altgriechischen übers. von Margarita Kranz, Reclam, Ditzingen 1994

Marcel Proust: *Im Schatten junger Mädchenblüte*, aus dem Französischen übers. und mit Anmerkungen von Bernd-Jürgen Fischer, Reclam, Ditzingen 2017

Keith Richards: *Life*, aus dem Englischen übers. von Willi Winkler, Wolfgang Müller und Ulrich Thiele, Heyne Verlag, München [5]2010

Jean-Paul Sartre: *Der Ekel*. Roman, aus dem Französischen übers. von Uli Aumüller, Rowohlt, Reinbek bei Hamburg [53]2009

Wladyslaw Szpilman: *Der Pianist. Mein wunderbares Überleben*, aus dem Polnischen übers. von Karin Wolff, Ullstein Taschenbuch Verlag, München 2002

Lew Tolstoi: *Anna Karenina*. Roman, aus dem Russischen neu übers. und kommentiert von Rosemarie Tietze, Deutscher Taschenbuch-Verlag, München 2011

Voltaire: *Candide oder der Optimismus*, aus dem Französischen übers. von Ernst Hardt, Nikol Verlag, Hamburg 2019

Filme: *Abécédaire – Gilles Deleuze von A bis Z*, Regie: Pierre-André Boutang, Berlin 2009/10, Absolut Medien, 3 DVDs | *Blau ist eine warme Farbe (La vie d'Adèle)*, Regie: Abdellatif Kechiche, 2013 | *Die Brücken am Fluß*, Regie: Clint Eastwood, 1995 | *Jenseits von Afrika*, Regie: Sydney Pollack, 1985

Musik: Song *Les Mots bleus* von Christophe (1974), Coverversion von Alain Bashung, 1992 | France Gall: *Viens, je t'emmène* (Album und Song), 2008 | Iggy Pop: *The Idiot*, 1977 (1. Soloalbum), und *Lust for Life*, 1977 (2. Soloalbum)

Weitere Inspirationsquellen

Alain: *Éléments de philosophie*, Gallimard, Paris 1941 | Francesco Alberoni: *Verliebt sein und lieben. Revolution zu zweit*, aus dem Italienischen übers. von Mara de Feo, Deutsche Verlags-Anstalt, Stuttgart 1983 – *L'Amicizia*, Garzanti, Mailand 1985 | Elisabeth Badinter: *Emilie, Emilie, weiblicher Lebensentwurf im 18. Jahrhundert*, aus dem Französischen übers. von Friedrich Griese, Piper, München 1984 | François Bégaudeau: *Un démocrate, Mick Jagger 1960–1969*, Gallimard, Paris 2014 | Albert Camus / René Char: *Correspondance 1946–1959*, hrsg. von Franck Planeille, Gallimard, Paris 2007 | J. M. Coetzee: *Schande*, Roman, aus dem Englischen übers. von Reinhild Böhnke, S. Fischer Verlag, Frankfurt am Main 2000 | Descartes: *Meditationen*, dreisprachige Parallelausgabe Latein – Französisch – Deutsch, hrsg. und aus dem Lateinischen übers. von Andreas Schmidt, Vandenhoeck & Ruprecht, Göttingen 2011 | François Jullien: *Die stillen Wandlungen*, aus dem Französischen übers. von Ronald Vouillé, Merve Verlag, Berlin 2010 | Immanuel Kant: *Kritik der praktischen Vernunft*, hrsg. von Joachim Kopper, Reclam, Ditzingen 2013 | Fabrice Midal: *Et si de l'amour on ne savait rien?*, Albin Michel,

Paris 2010 | Friedrich Nietzsche: *Unzeitgemäße Betrachtungen II*, in: *Sämtliche Werke, kritische Studienausgabe in 15 Bänden*, Band 1, Deutscher Taschenbuch-Verlag, München 2005 | *Pablo Picasso, Paul Éluard: Une amitié sublime*, Ausst.-Kat. Museu Picasso, Barcelona, und Musée d'Art et d'Histoire Paul Eluard, Saint-Denis, Barcelona 2019 [in französischer Sprache] | Ollivier Pourriol: *Alain, le grand voleur*, Librairie générale française, Paris 2006 | Gilbert Ryle: *Plato's Progress*, Cambridge University Press, London 1966 | Francis Wolff: *Il n'y a pas d'amour parfait*, Fayard, Paris 2016 | Filme: *Harry und Sally*, Regie: Rob Reiner, 1989 – *Rumble Fish*, Regie: Francis Ford Coppola, 1983 – *Thelma & Louise*, Regie: Ridley Scott, 1991

TEIL 2
DIE BEDINGUNGEN VON BEGEGNUNG

Zitierte Werke

Theodor W. Adorno: *Minima Moralia. Reflexionen aus dem beschädigten Leben*, Suhrkamp Verlag, Frankfurt am Main [10]2016

Giorgio Agamben: *Das Abenteuer, der Freund*, aus dem Italienischen übers. von Andreas Hiepko, Matthes & Seitz, Berlin 2018

Louis Aragon: *Aurélien*. Roman, aus dem Französischen übers. von Lydia Babilas, List Taschenbuch, Berlin 2007

Aristoteles: *Nikomachische Ethik*, hrsg. und übers. von Ursula Wolf, Rowohlt, Reinbek bei Hamburg [7]2018

Christian Bobin: *Pierre*, Gallimard, Paris 2019

André Breton: *L'Amour fou*, aus dem Französischen übers. von Friedhelm Kemp, Suhrkamp Verlag, Frankfurt am Main [6]1994

Christopher Chabris / Daniel Simons: *Der unsichtbare Gorilla. Wie unser Gehirn sich täuschen lässt*, aus dem Amerikanischen übers. von Dagmar Mallett, Piper, München/Zürich 2011

René Descartes: *Entwurf der Methode. Mit der Dioptrik, den Meteoren und der Geometrie*, hrsg. und aus dem Französischen übers. von Christian Wohlers, Felix Meiner Verlag, Hamburg 2013

Paul Éluard: *Les Yeux fertiles*, Éditions G. L. M., Paris 1936 [Gedichtband]

Philippe Gabilliet: *Éloge de la chance. Apprendre à saisir les opportunités de la vie*, J'ai lu, DL, Paris 2016
Georg Wilhelm Friedrich Hegel: *Phänomenologie des Geistes*, hrsg. von Heinrich Clairmont und Hans Friedrich Wessels, Felix Meiner Verlag, Hamburg 1987
Eva Illouz: *Warum Liebe endet. Eine Soziologie negativer Beziehungen*, aus dem Englischen übers. von Michael Adrian, Suhrkamp Verlag, Berlin 2018
Jean-Paul Sartre: *Das Sein und das Nichts. Versuch einer phänomenologischen Ontologie*, aus dem Französischen übers. von Hans Schöneberg und Traugott König, Rowohlt, Reinbek bei Hamburg 1993
Simone Weil: *Schwerkraft und Gnade*, aus dem Französischen übers. von Friedhelm Kemp, neu hrsg. von Charlotte Bohn, Matthes & Seitz, Berlin 2021
Film: *Die zwei Päpste*, Regie: Fernando Meirelles, 2019
Musik: Christophe: *Les Mots bleus*, 1974 | Leonard Cohen: *Anthem*, 1992 | France Gall: *Viens, je t'emmène* (Album und Song), 2008 | Clara Luciani: *Nue*, 2018 | Iggy Pop: *The Idiot*, 1977 (1. Soloalbum), und *Lust for Life*, 1977 (2. Soloalbum) | Lou Reed: *Transformer* (2. Soloalbum), 1972

Weitere Inspirationsquellen

Christophe André / Alexandre Jollien / Matthieu Ricard: *Trois Amis en quête de sagesse*, Allary éditions, Paris 2016 | Pierre Aubenque: *Problèmes Aristotéliens. Philosophie Pratique*, Vrin, Paris 2011 | Baudelaire: »À une passante«, Gedicht, deutsch »Einer Dame«, in der Fassung von Walter Benjamin online unter: https://www.forschendeslernen.de/19-jahrhundert/a-une-passante/uebersetzung/walter-benjamin.html (letzter Zugriff: 17.05.2021) | Tonino Benacquista: *Die Absacker*, Roman, aus dem Französischen übers. von Gabrielle Seil und Georges Hausemer, Goldmann, München 2000 | Henri Bergson: *Materie und Gedächtnis. Eine Abhandlung über die Beziehung von Körper und Geist*, aus dem Französischen übers. von Julius Frankenberger, Neuaufl., Omnium Verlag, Berlin 2016 | André Breton: *Nadja*, aus dem Französischen übers. von Bernd Schwips, Suhrkamp Verlag, Frankfurt am Main 2002 | Denis Diderot: »Der

Spaziergang des Skeptikers oder die Alleen«, in: *Ausgewählte Texte*, zusammengestellt und kommentiert von Manfred Hess, Erstübersetzung aus dem Französischen von Martin Pfeiffer, IBDK-Verlag, Berlin 1984 | Epikur: *Brief an Menoikeus*, Text, Übersetzung, Einleitung und Kommentar von Jan Erik Hessler, Schwabe, Basel 2014 | Dylan Jones: *David Bowie. Ein Leben*, aus dem Englischen übers. von Friederike Moldenhauer, Rowohlt, Reinbek bei Hamburg 2018 | Immanuel Kant: *Kritik der Urteilskraft*, hrsg. von Heiner F. Klemme, Felix Meiner Verlag, Hamburg 2009 | Jacques Lacan: *Le Séminaire livre VI: Le désir et son interprétation, 1958–1959*, Éditions de la Martinière, Paris 2013 | Alexandre Lacroix: *Comment vivre lorsqu'on ne croit en rien?. Une morale sceptique*, Flammarion, Paris 2014 | Ruwen Ogien: *La Faiblesse de la volonté*, Presses Universitaires de France, Paris 1993 | Pierre Rey: *Eine Saison bei Lacan*, aus dem Französischen übers. von Undine von Rönn, Passagen-Verlag, Wien 1995 | Paul Ricœur: *Philosophie de la volonté*, 2 Bde., Aubier, Paris 1988 | Jérôme Soligny: *David Bowie*, Albin Michel, Paris 1996 | Musik: Benjamin Biolay: *Comment est ta peine?*, 2020 | Georges Brassens: *Les Passantes*, 1972 | Christophe: *Les Mots bleus*, 1974, Coverversionen von Alain Bashung (1992) und Johan Papaconstantino (2019)

TEIL 3
DAS WIRKLICHE LEBEN IST BEGEGNUNG

Zitierte Werke

Aristoteles: *Politik*, aus dem Altgriechischen übers. von Eckart Schütrumpf, Felix Meiner Verlag, Hamburg 2019

Gaston Bachelard: »Préface«, in: Martin Buber, *Je et Tu*, aus dem Deutschen übers. von Geneviève Bianquis, Aubier Montaigne, Paris 1970

Martin Buber: *Ich und Du*, Reclam, Ditzingen 1995

René Char: *La Parole en archipel*, Gallimard, Paris 1962, daraus das Gedicht »Nous avons«

René Descartes: »Brief an Chanut vom 6. Juni 1647«, in: *Der Briefwechsel mit Elisabeth von der Pfalz*, Französisch–Deutsch, hrsg.

von Isabelle Wienand und Olivier Ribordy, aus dem Französischen übers. von Isabelle Wienand, Olivier Ribordy und Benno Wirz, unter Mitarbeit von Angela Schiffhauer, Felix Meiner Verlag, Hamburg 2015

Johann Gottlieb Fichte: *Grundlage des Naturrechts: nach Prinzipien der Wissenschaftslehre*, Felix Meiner Verlag, Hamburg 1991

Élisabeth de Fontenay: *Le Silence des bêtes. La philosophie à l'épreuve de l'animalité*, Fayard, Paris 1998

Sigmund Freud: *Neue Folge der Vorlesungen zur Einführung in die Psychoanalyse*, Fischer Taschenbuch Verlag, Frankfurt am Main [4]2005

Georg Wilhelm Friedrich Hegel: *Phänomenologie des Geistes*, hrsg. von Heinrich Clairmont und Hans Friedrich Wessels, Felix Meiner Verlag, Hamburg 1987

François Jullien: *Warum man nicht mehr »ich liebe dich« sagen sollte. Ein Dialog mit Nicolas Truong*, aus dem Französischen übers. von Erwin Landrichter, Verlag Turia + Kant, Wien/Berlin 2020

Søren Kierkegaard: *Entweder – Oder*, Teil 1 und 2, unter Mitwirkung von Niels Thulstrup und der Kopenhagener Kierkegaard-Gesellschaft hrsg. von Hermann Diem und Walter Rest, aus dem Dänischen übers. von Heinrich Fauteck, Deutscher Taschenbuch-Verlag, München 1996

Jacques Lacan: *Die Ethik der Psychoanalyse: Das Seminar, Buch VII (1959–1960)*, aus dem Französischen übers. von Norbert Haas, Verlag Turia + Kant, Wien/Berlin [3]2016 – *Le Séminaire livre VI: Le désir et son interprétation, 1958–1959*, Éditions de la Martinière, Paris 2013

Jean-Jacques Rousseau: *Abhandlung über den Ursprung und die Grundlagen der Ungleichheit unter den Menschen*, hrsg. und aus dem Französischen übers. von Philipp Rippel, Reclam, Stuttgart 2010

Jean-Paul Sartre: *Das Sein und das Nichts. Versuch einer phänomenologischen Ontologie*, aus dem Französischen übers. von Hans Schöneberg und Traugott König, Rowohlt, Reinbek bei Hamburg 1993 – *Der Existentialismus ist ein Humanismus und andere philosophische Essays 1943–1948*, aus dem Französischen übers. von Werner Bökenkamp, Rowohlt, Reinbek bei Hamburg 2000

Weitere Inspirationsquellen

Betty Cannon: *Sartre et la psychanalyse*, Presse Universitaire de France, Paris 1993 | Philippe Chevallier: *Être soi: une introduction à Kierkegaard*, Éditions Labor et Fides, Genf 2020 | Sigmund Freud: *Die Zukunft einer Illusion* (1927), in: *Massenpsychologie und Ich-Analyse / Die Zukunft einer Illusion*, Fischer Taschenbuch Verlag, Frankfurt am Main 2015 | Jean-Philippe Domecq: *L'Amie, la mort, le fils*, Éditions Thierry Marchaisse, Vincennes 2018 | Alexandre Lacroix: *Devant la beauté de la nature*, Allary éditions, Paris 2018 | D. H. Lawrence: *Lady Chatterleys Liebhaber*. Roman, aus dem Englischen neu übers. von Axel Monte, vollständige Ausgabe, Deutscher Taschenbuch-Verlag, München 2008 | Simon McBurney: *The Encounter*, Nick Hern Books, London 2016 [Theaterstück] | Charles Melman: *L'Homme sans gravité. Jouir à tout prix*, Gallimard, Paris 2005 | Alfred de Musset / George Sand: *»Ô mon George, ma belle maîtresse …«*, édition présentée et annotée par Martine Raid, Gallimard, Paris 2010 | Philippe Nassif: *La Lutte initiale. Quitter l'empire du nihilisme*, Denoël, Paris 2011 | Friedrich Nietzsche: *Also sprach Zarathustra*, in: *Sämtliche Werke, kritische Studienausgabe in 15 Bänden*, Band 4, Deutscher Taschenbuch-Verlag, München 1980 | Jacques Perrin (Hrsg.): *Nomaden der Lüfte, Text von Jean-François Mongibeaux*, aus dem Französischen übers. von Marion Pausch, Weltbild, Augsburg 2007 | Platon: *Symposion – Das Gastmahl*, nach der Übersetzung Friedrich Schleiermachers, Ad Fontes, Berlin 2018 | Matthieu Ricard: *Plädoyer für die Tiere*, aus dem Französischen übers. von Gerd Bausch, Nymphenburger, München 2015 | Jean-Paul Sartre: *Freud: Das Drehbuch*, aus dem Französischen übers. von Traugott König, Rowohlt, Reinbek bei Hamburg 1993 | Vercors: *Das Geheimnis der Tropis*, aus dem Französischen übers. von Ewald Czapski, Heyne Verlag, München 1976 | Filme: *Blau ist eine warme Farbe (La vie d'Adèle)*, Regie: Abdellatif Kechiche, 2013 | *Das Wort (Ordet)*, Regie: Carl Theodor Dreyer, 1955

PERSONENREGISTER

CHARLES PÉPIN, geboren 1973, ist Schriftsteller und unterrichtet Philosophie. Seine Bücher wurden in mehr als zwanzig Sprachen übersetzt. Bei Hanser erschienen zuletzt *Die Schönheit des Scheiterns* (2017) und *Sich selbst vertrauen* (2019). Charles Pépin lebt in Paris.

CAROLINE GUTBERLET übersetzt seit dreißig Jahren aus dem Französischen und Italienischen, zuletzt u. a. Emanuele Coccia, Alain Badiou und Charles Pépin. Sie lebt und arbeitet in Berlin.

Erscheint als Hörbuch bei audible.